# Desserts

Kochen – köstlich
wie noch nie

# Desserts

**für jeden Tag, für Feste und Gäste:
Fruchtiges, Zartes, Cremiges, Üppiges,
Warmes und Eisiges**

**Das große Bildkochbuch**

mit den besten Rezept-Ideen von
Elke Alsen, Marieluise Christl-Licosa,
Marey Kurz, Hannelore Mähl-Strenge,
Bernd Schiansky, Brigitta Stuber und Annette
Wolter, herausgegeben von

**Annette Wolter**

Die Farbbilder gestalteten

**Rolf Feuz
und Karin Messerli**

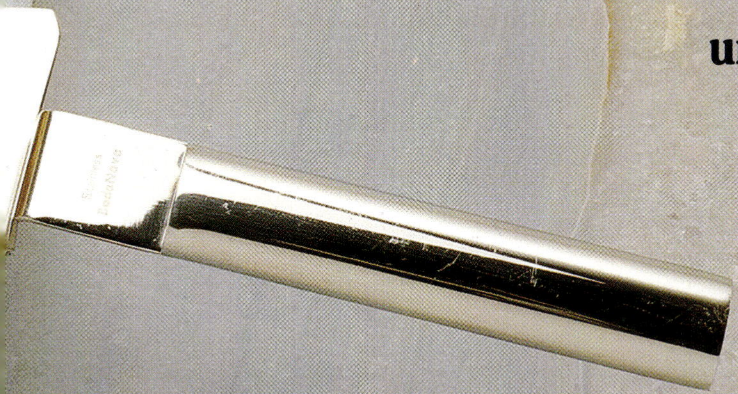

# Das finden Sie in diesem Buch

## Desserts mit Tradition

## Eiskalte Köstlichkeiten

## Wichtige Zutaten für Desserts



## Rund um die Eiszubereitung



## Der Inhalt des Buches von A bis Z

# Die Rezepte nach Zutaten geordnet

# Über dieses Buch

Köstliche Desserts sind immer der krönende Abschluß eines gelungenen Essens. Sie waren, sind und bleiben die lukullischen Glanzlichter nicht nur festlicher Menüs, sondern auch – meist etwas weniger zeitaufwendig – der täglichen Mahlzeiten. Die erstklassigen Rezepte dieses liebevoll gestalteten großen GU Bildkochbuchs lassen keinen Wunsch offen. Alle Autoren haben es sich bei der Entwicklung der Rezept-Ideen unter anderem zur Aufgabe gemacht, daß ernährungsphysiologisch wertvolle Zutaten wie beispielsweise frisches Obst oder Milchprodukte möglichst naturbelassen und schonend zubereitet werden. Jedes Rezept gelingt leicht, weil es unkompliziert beschrieben wird. Jedes Ergebnis ist in neuen, exklusiv für dieses Buch gestalteten Farbfotos zu sehen. Ein Augenschmaus für alle Dessertfans.

Vor dem umfangreichen Rezeptteil finden Sie zunächst farbige Schritt-für-Schritt-Fotos und erläuternde Texte über die Vor- und Zubereitungsmethoden, die für Desserts ganz wichtig sind. Da zeigen wir Ihnen, wie eine Ananas richtig geschält wird oder auch den richtigen Umgang mit Gelatine. Wenn Sie die Anleitungen genau befolgen, gelingen die feinen Desserts ganz leicht. Steifgeschlagener Eischnee muß glänzen wie Seide – genau wie auf den hilfreichen Arbeitsfotos zu sehen. Auch Karamel selbst herzustellen ist keine Kunst mit der ausführlichen Beschreibung. Ebenso in Text und Bild werden ideenreiche Anleitungen zum Garnieren und Verzieren gegeben.
Die rot gedruckten Hinweise bei jedem Rezept signalisieren auf den ersten Blick, ob das Dessert ein Vollwertrezept ist, ob es leicht gelingt oder ein wenig schwierig zuzubereiten ist, ob Sie dafür etwas Zeit brauchen oder ob es schnell gezaubert werden kann. Auch erfahren Sie, ob die benötigten Zutaten preiswert oder etwas teurer sind oder ob es sich um ein berühmtes Rezept handelt wie beispielsweise Crème caramel, Zabaione oder Tarte Tatin.

Die Nährwertangaben sagen Ihnen, wie »gewichtig« das betreffende Dessert tatsächlich ist, also, wieviel Joule/Kalorien es hat. Beim Durchblättern des Buches werden Sie feststellen, daß neben den üppigen Schlemmereien durchaus auch wunderbar leichte Kreationen wie Citrons givrés, Melonen- und Pfirsich-Granité, verschiedene exklusive Sorbets, Fruchteis oder Buttermilchgelee zu finden sind. Alle hier genannten Nachspeisen eignen sich besonders gut als Abschluß auch eines etwas opulenteren Menüs. Wenn Sie allerdings Ihre Familie oder Ihren Freundeskreis mit Palatschinken, Wiener Kaiserschmarrn oder köstlich gefüllten Crêpes verwöhnen möchten, sollten Sie als Hauptgericht eventuell nur eine delikate Suppe servieren.

Damit Sie sinnvoll planen können, wurden die Zubereitungszeiten genannt und auch die Zeit, die eine Speise zum Garen oder zum Kühlen braucht, so daß beispielsweise mit Gelatine gesteifte Portionen die richtige Konsistenz zum Stürzen erreichen. Desserts, die längere Zeit kühl stehen müssen, haben ja den Vorteil, daß sie gut vorbereitet werden können.

Das erste Kapitel fordert »Nachtisch, bitte jeden Tag!« und bringt Vorschläge für Desserts, die das ganze Jahr über den täglichen Speiseplan ergänzen. Die Zubereitung dieser Leckereien ist daher in der Regel nicht sehr mühsam. Zu den »Desserts, heiß serviert« gehören Flambiertes, Gratiniertes und Gebackenes, denen das zweite Kapitel gewidmet ist. Natürlich dürfen »Desserts mit Tradition« nicht fehlen, wie Charlotte royal, Mohr im Hemd oder Tirami su. Das dritte Kapitel läßt diesbezüglich kaum einen Wunsch offen. Und last but not least entdecken Sie »Eiskalte Köstlichkeiten«, Überraschungen, die man in Eisdielen oder Konditoreien kaum zu kaufen bekommt – die fantasievollen Kreationen müssen zuhause geschaffen werden. Frostige Parfaits, Sorbets und Granités sowie festliche Eistorten werden Sie begeistern.

Abschließend finden Sie wertvolle Informationen über wichtige Zutaten für Desserts, über einheimisches Obst, einige exotische Früchte und aromatische Gewürze. Mit heißen Tips für frostige Desserts gehen wir noch ausführlich auf die Eisbereitung ein und zeigen Ihnen die Haushaltsgeräte, die Sie dafür kaufen können. Wenn Sie Lust auf ein Dessert aus einem bestimmten Obst oder zum Beispiel mit viel Sahne oder Eiern haben, finden Sie im Anschluß an das Inhaltsverzeichnis auf den Seiten 6 und 7 die Rezepte nach Hauptzutaten geordnet. Hier gibt es übrigens auch eine Rubrik »Vollwertrezepte«, unter der alle entsprechenden Rezepte versammelt sind. Das umfangreiche Rezept- und Sachregister am Ende des Buches hilft Ihnen ebenfalls, jedes gewünschte Rezept rasch zu finden.

Viel Freude bei der Zubereitung und beim Genießen all der exquisiten Desserts wünschen Ihnen

Ihre
Annette Wolter
und
alle Mitarbeiter

**Wenn nicht anders angegeben, sind alle Rezepte für 4 Personen berechnet.**
**Übrigens, die Abkürzungen kJ und kcal in den Rezepten bedeuten Kilojoule und Kilokalorien.**

# Vom Wert des Desserts

Häufig wird das Dessert als »süße Sünde« gebrandmarkt. Zugegeben – viele der beliebtesten Desserts sind nicht gerade kalorienarm, da sie jedoch häufig mit frischen Früchten und Milchprodukten zubereitet werden, vermitteln sie wertvolle Inhaltsstoffe und runden eine Mahlzeit geschmacklich ab. Die »Sünde« liegt allein im falschen Maß. Und dafür kann man kaum verbindliche Regeln nennen.

### Der Stellenwert im Menü
Die Art und die Quantität des Desserts sollten immer mit den übrigen Speisen einer Mahlzeit abgestimmt werden. Wer maßvoll essen möchte, findet durch die Angaben der Nährwerte zu jedem Rezept Planungshilfen für ein Menü. Bevor man sich gar keinen Nachtisch gönnt, könnte man versuchen, kleinere Portionen zu genießen. Oder der Hauptgang besteht nur aus einer leichten Gemüsesuppe, aus einem gemischten Salat oder einer Vorspeise aus Fisch oder Meeresfrüchten, magerem Fleisch oder Geflügel und Sie lassen die kalorienreichen Beilagen weg. Die Rezepte dieses Buches wurden allerdings nicht unter dem Motto »Maßhalten« gestaltet, sondern ausschließlich nach der Devise: Erlaubt ist, was gut schmeckt. Schließlich soll das Dessert der krönende Abschluß eines Menüs sein und durchaus auch Anlaß zum Schwelgen.

### Frisches Obst
Zur Lust des Genießens kommen wichtige Aspekte für eine ausgewogene Ernährung. So spielt Obst bei Desserts eine dominierende Rolle. Es wird meist roh verwendet oder so schonend wie möglich gegart. Selbstverständlich setzen wir voraus, daß alle Obstdesserts ihre Saison haben, das heißt frisches Obst aus heimischem Freilandanbau sollte in der jeweiligen Jahreszeit bevorzugt genutzt werden. Nur bei exotischen Früchten muß man die längeren Transportwege in Kauf nehmen. Experten bestätigen jedoch, daß günstige Ernte- und Transportbedingungen auch für exotische Früchte einen hohen Anteil an Wertstoffen garantieren.

### Andere Hauptzutaten
Außer Obst gehören wertvolle Produkte wie Joghurt, Frischkäse jeder Art, Quark, Milch, Sahne und Eier zu den häufigsten Ingredienzen von Süßspeisen, gleichgültig, ob sie gekühlt, als Eiscreme oder Sorbet gefroren oder warm serviert werden. Cremespeisen und Eiszubereitungen entstehen oft auf einer Eigelb-Zucker-Basis. Schnittfest geschlagener Eischnee, behutsam untergezogen, garantiert eine duftige, leichte Schaummasse. Die verwendeten Eier müssen absolut frisch sein, um das Eigelb sorgfältig vom Eiweiß trennen zu können. Eiweißspuren im Eigelb ziehen Fäden, wenn beispielsweise heiße Milch unter die Eigelbcreme gerührt wird. Eigelb im Eiweiß verhindert das Festwerden von Eischnee. Nach Möglichkeit sollte man Sahne erst kurz vor dem Gebrauchtwerden oder Servieren steif schlagen. Muß Schlagsahne aber für längere Zeit sehr fest bleiben, ist Gelatine als Naturprodukt den synthetischen Steifungsmitteln vorzuziehen. Wie Gelatine verarbeitet wird, beschreiben wir in den Schritt-für-Schritt-Fotos mit erklärenden Texten auf den Seiten 10 und 11.

### Zucker und Alternativen
Viele unserer Dessert-Ideen sind Vollwertrezepte, was beweist, daß Süßes durchaus den strengen Maßstäben für moderne Ernährung gerecht werden kann. Wer mit diesem Trend schon etwas vertraut ist, dem fällt es sicher nicht schwer, traditionelle, berühmte und vielgeliebte Desserts mit anderen Süßungsmitteln als raffiniertem Haushaltszucker zuzubereiten. Zucker ist in größeren Mengen genossen tatsächlich ein Störfaktor für die gesunde Ernährung. Dennoch sei betont, daß gegen Zucker als Gewürz – also vernünftig dosiert – wenig einzuwenden ist. Eine akzeptable Alternative zum raffinierten Haushaltszucker sind für die Zubereitung von Desserts ernährungsphysiologisch wertvolle Süßungsmittel wie reiner Bienenhonig, Ahornsirup, Apfel- oder Birnendicksaft sowie Zuckerrohrgranulat, der getrocknete Pflanzensaft des Zuckerrohrs, unter den Handelsbezeichnungen Ursüße und Sucanat in Naturkostläden und Reformhäusern erhältlich. Der Brennwert (gleichzusetzen mit dem Kaloriengehalt) dieser unraffinierten Süßungsmittel liegt nicht wesentlich unter dem des raffinierten Zukkers, doch ihr Gehalt an funktionswichtigen Mineralien und Vitaminen ist ungleich höher.

### Vom vollen Korn
Daß sich auch Auszugsmehl durch wertstoffreichere Getreideprodukte wie Vollkornmehl ersetzen läßt, erfährt man aus den Vollwertrezepten in diesem Buch. Im Keim und in den Randschichten des Getreidekorns befinden sich die wertvollsten Wirkstoffe, nämlich hochwertiges Keimöl, Eiweiß, fast alle Vitamine des B-Komplexes, die Vitamine D und E, außerdem Mineralstoffe und Spurenelemente. Beim raffinierten Auszugsmehl wird nur der innerste Teil des Korns fein vermahlen.

### Das Dessert als Schlemmerspaß
Letztlich wird der Wert des Desserts nicht allein von seinen Zutaten bestimmt, sondern in hohem Maß auch vom Genußerlebnis, das jegliches Essen und Trinken zum gesellig verbindenden Element macht. Die gewichtigsten Spitzenkreationen unter den Desserts sind allerdings nicht für die täglichen Mahlzeiten bestimmt; sie sollten den selteneren Gelegenheiten vorbehalten bleiben, bei denen man einmal hemmungslos genießen möchte. Liebevolles Verzieren und Garnieren sowie gefälliges Anrichten mit frischen Früchten und anderen duftenden Substanzen sind sowohl für das tägliche als auch für das besonders festliche Dessert von besonderer Bedeutung.

# So gelingen Desserts

## Eischnee muß glänzen

Wird für ein Rezept steifer und durch Zuckerzugabe glänzender Eischnee gebraucht, so geht man am besten nach nebenstehenden Erklärungen und Bildern vor. Wichtig: Das Eiweiß muß möglichst kalt und die Rührschüssel, der Schneebesen oder die elektrischen Quirle müssen absolut fettfrei sein. Es empfiehlt sich, zuerst den Eischnee zu schlagen und in den Kühlschrank zu stellen, ehe das Rührgerät für andere Mischungen verwendet wird.

Beim Trennen der Eier in Eigelbe und Eiweiße darauf achten, daß nichts vom Eigelb ins Eiweiß gelangt. Das Eigelb über einer Schüssel mehrmals von einer Schalenhälfte in die andere gleiten lassen, dabei mit dem Daumen das Hagelschnürchen abstreifen; das Eiweiß tropft in die Schüssel ab.

## Schlagsahne behutsam behandeln

Wie Eischnee lockert sie Cremes oder Fruchtpürees und verleiht ihnen eine geschmeidige Konsistenz. Auf Folie gespritzte Tupfen, Rosetten oder Girlanden aus Schlagsahne lassen sich gut einfrieren und später – je nach Bedarf – als Garnierung für Desserts und Torten verwenden. Soll Schlagsahne mit Zucker gesüßt werden, so mischt man diesen unter die noch flüssige Sahne, damit er sich während des Schlagens auflösen kann. Aromen wie Schokoladenpulver, Instant-Kaffepulver, Sirup oder Likör nur in kleinen Mengen unter die steife Schlagsahne ziehen.

Die möglichst kalte Sahne mit dem Schneebesen oder den elektrischen Quirlen bei mittlerer, keinesfalls bei höchster Schaltstufe schlagen, bis sie beginnt, cremig zu werden. Dann bei niedrigster Schaltstufe so lange weiterschlagen, bis eine steife, schnittfeste Schlagsahne entstanden ist.

## Karamel herstellen ist keine Kunst

Dieses beliebte aromatische Zuckerkonzentrat wird häufig für feine Desserts gebraucht. Man überzieht Früchte mit Karamel, kleidet Förmchen damit aus oder träufelt ihn fadendünn auf eine mit Fett bestrichene Platte und läßt ihn erstarren, um mit diesem sogenannten Engelshaar zarte Cremes zu garnieren.

Die jeweils im Rezept angegebene Zuckermenge unter Rühren im Wasser sprudelnd kochen lassen, bis sich der Zucker völlig aufgelöst hat. Die Hitze dann reduzieren und das Gemisch ohne Rühren so lange im offenen Topf kochen lassen, bis gut die Hälfte des Wassers verdampft ist und der Sirup Farbe annimmt.

## Der richtige Umgang mit Gelatine

Gelatine ist ein geschmacksneutrales Naturprodukt und wird in Form von Blättern und pulverisiert in Beuteln zu 10 bis 12 g, jeweils farblos und rot gefärbt, angeboten. 1 Beutel Pulvergelatine entspricht 6 Blättern Gelatine. Desserts, die mit Gelatine gesteift werden, gelingen problemlos, wenn man sich nach bestimmten Grundregeln richtet. Die nebenstehenden Erklärungen und Bilder sollen helfen, Fehler in der Anwendung zu vermeiden.

Gelatineblätter müssen so lange in reichlich kaltem Wasser eingeweicht werden, bis sie weich sind. Pulverisierte Gelatine von wenig kaltem Wasser bedeckt einweichen und nach etwa 5 Minuten im Einweichwasser bei schwacher Hitze unter Umrühren erwärmen, bis sie flüssig ist.

Das Eiweiß mit 1 Prise Salz oder etwas Zitronensaft so steif schlagen, daß eine Schneespitze, nach oben gezogen, senkrecht stehen bleibt. Wird Zucker zum Eischnee gegeben, das Eiweiß zunächst nur flaumig schlagen, den Zucker einrieseln lassen und den steifen Schnee so lange weiterschlagen, bis er glänzt.

Den Eischnee über die Creme oder den Teig füllen und mit einem Rührlöffel so lange unter die Masse heben, bis sich beides gut vermischt hat. Den Eischnee nicht unterrühren, dabei würden die Luftbläschen zerstört und der Lockerungseffekt ginge verloren.

Die Schlagsahne entweder wie Eischnee unter die Creme heben oder zum Verzieren in einen Spritzbeutel mit Sterntülle füllen. Den Spritzbeutel über der Schlagsahne mit einer Hand umfassen und die Tülle mit der anderen Hand wie einen Zeichenstift führen.

Mit der Sterntülle entsprechender Größe entstehen Sahnetupfen, Rosetten oder Girlanden. Passend zum Dessert die Sahneverzierungen mit Beeren belegen, mit Blättchen bestecken, mit gehackten Nüssen bestreuen oder mit Kakaopulver besieben.

Der Karamel darf nicht zu dunkel werden, weil er dann bitter schmecken würde. Um den richtigen Farbton zu prüfen, etwas Karamel auf einen weißen Teller tropfen lassen. Den kräftig honigfarbenen Karamel vom Herd nehmen und je nach Rezept weiterverarbeiten.

Für Crème caramel wird meist nur der Boden der Förmchen mit einem Karamelspiegel versehen. Für andere Desserts sollen die Förmchen vollständig mit Karamel ausgekleidet werden. Dafür in jedes Förmchen einen Teil vom Karamel geben und durch Neigen und Schwenken alle Innenflächen damit überziehen.

Gelatineblätter nach dem Einweichen ausdrücken und unter Umrühren in der zu steifenden heißen – keinesfalls kochenden – Flüssigkeit auflösen. Mit bereits flüssiger Pulvergelatine ebenso verfahren. Die etwas abgekühlte Speise im Kühlschrank fest werden lassen; je nach gewünschter Konsistenz in ½ bis 4 Stunden.

Um kalte Flüssigkeit, kaltes Püree oder Schlagsahne zu steifen, die ausgedrückte Gelatine in einen Schöpflöffel geben und darin unter Umrühren im heißen Wasserbad auflösen. Die noch warme Gelatine zuerst mit 3 Eßlöffeln der kalten Substanz verrühren, dann langsam die gesamte Masse untermischen.

# So gelingen Desserts

## Zitrusfrüchte filetieren

Für Cremes, Sorbets und zum Garnieren besonders festlicher Desserts verwendet man die Spalten von Zitrusfrüchten filetiert, das heißt, die Spalten werden nach dem Schälen der Früchte von den feinen Bindehäutchen, die das Fruchtfleisch voneinander trennen, befreit. Dieser Arbeitsgang ist etwas zeitaufwendig, gelingt aber leicht, wenn man folgendermaßen vorgeht:

Die Orange oder Grapefruit wie einen Apfel mit einem scharfen Messer mit dünner Klinge schälen und dabei auch die weiße Unterhaut vollständig entfernen.

## Die feinen Julienne

Die hauchfein geschnittenen Streifen von Früchten, Fruchtschalen und Gemüse aller Art werden in der französischen Küchensprache Julienne genannt. Man verwendet sie zum Verzieren und Garnieren, zugleich sind sie aber auch Aromaträger. Für Desserts handelt es sich meist um Schalenstreifen von Zitrusfrüchten, selbstverständlich nur von ungespritzten, die zudem vor dem Verwenden warm gewaschen und abgetrocknet werden. Wie man Julienne am besten schneidet, zeigen wir Ihnen am Beispiel einer Zitrone.

Zunächst die gewaschene Zitrone längs in etwa 2 cm breiten Streifen schälen. Die Schalenstreifen dann umdrehen, mit der Fingerspitze festhalten und mit einem scharfen Messer mit dünner Klinge alle Spuren der weißen Unterhaut behutsam entfernen. Die Streifen sollten dabei möglichst ganz bleiben.

## Das Schälen einer Ananas

Seitdem uns fast ganzjährig aus vielen exotischen Ländern relativ preiswert frische Ananas geliefert werden, sind die Früchte aus der Dose immer weniger begehrt. Allerdings bereitet es manchmal Schwierigkeiten, das aromatische Fruchtfleisch aus der stacheligen Schale zu lösen. Versuchen Sie es nach unseren Vorschlägen auf nebenstehenden Bildern und Erklärungen.

Die Blattkrone zunächst samt einem kleinen Stück Ananas abschneiden. Die Frucht dann spiralförmig schälen.

## Melonenschalen zum Anrichten

Ausgehöhlte Fruchtschalen eignen sich hervorragend zum Anrichten von Desserts oder Salaten. Für festliche Gelegenheiten lohnt sich die Mühe, die Früchte im Zick-Zack-Schnitt zu halbieren, weil die Hälften dann einen gezackten Rand haben und besonders hübsch aussehen. Alle Zitrusfrüchte sind dafür geeignet, aber am leichtesten geht es mit Melonen.

Die Melonen warm waschen, abtrocknen und mit einem Messer eine waagerechte Mittellinie vorzeichnen. Mit schräggestellter Messerklinge dann die Frucht abwechselnd nach unten und oben bis zur Mitte hin durchstechen. Die so getrennten Hälften auseinandernehmen.

Die ganze Frucht auf einen Teller legen und mit einem scharfen Messer mit dünner Klinge Spalte für Spalte aus den Häutchen schneiden. Sie müssen selbst probieren, ob Ihnen das besser auf einer festen Unterlage gelingt oder ob Sie die Frucht dabei lieber in der Hand halten.

Die hautlosen Spalten dann behutsam lösen und, wenn nötig, die Kerne mit dem Messer entfernen. Je nach Verwendungszweck darauf achten, daß die Spalten dabei ganz bleiben. Die leere Frucht ausdrücken und den Saft mit dem, der sich auf der Arbeitsfläche gesammelt hat, für das Dessert verwenden.

Die Schalenstreifen mit der glänzenden Seite nach oben auf eine Schneidfläche legen und längs in 1 mm breite Julienne schneiden. Alle Streifen gleichmäßig dünn schneiden und darauf achten, daß sie nicht abreißen.

Die Julienne wie im Rezept vorgeschrieben verwenden. Zum Garnieren kocht man sie 3 bis 4 Minuten in Zuckersirup, da sie sonst schnell austrocknen. Sie sehen dann wie kandierte Früchte aus, besonders wenn sie noch in gesiebtem Puderzucker gewendet werden.

Von der geschälten Ananas mit einem großen, scharfen Messer schräg nach unten verlaufend keilförmig die »Augen« herausschneiden. Dadurch entsteht ein schöner gezackter Rand. Die Frucht in gleichmäßige, etwa 1 cm dicke Scheiben schneiden.

Mit einem runden Ausstechförmchen von etwa 3 cm Durchmesser die holzige Mitte ausstechen oder mit einem spitzen Messer einen entsprechend großen Kreis herausschneiden. Die Scheiben dann wie im Rezept angegeben weiterverarbeiten. Die Blattkrone je nach Rezept als Garnitur verwenden.

Mit einem scharfkantigen Löffel aus den Melonenhälften die Kerne entfernen. Die Kerne in eine Schüssel streifen und dann in einem Sieb ausdrücken, damit man den abtropfenden Fruchtsaft für das Dessert verwenden kann.

Mit einem Kugelausstecher – ersatzweise mit einem Mokkalöffel – das Fruchtfleisch aus den Melonenhälften lösen. In den Schalen soll eine etwa 2 cm dicke Schicht Fruchtfleisch bleiben. Von den Unterseiten der Melonenhälften eine dünne Scheibe abschneiden, damit sie nicht umkippen.

# So gelingen Desserts

## Die Sache mit dem Wasserbad

Alle gegen Hitze empfindlichen Substanzen wie Eigelb, Gelatine oder Sahne müssen dennoch oft erhitzt werden, um die gewünschte Konsistenz anzunehmen. Man rührt sie deshalb im heißen Wasserbad in einer möglichst gut wärmeleitenden Schüssel und vermeidet, daß die Schüssel den Topfboden berührt und daß das Wasser sprudelnd kocht, um den gewünschten Effekt allmählich durch mäßiges Erhitzen zu erzielen. Soll eine heiße Masse aber so schnell wie möglich abkühlen, so rührt man sie im kalten Wasserbad mit vielen Eiswürfeln.

Zunächst für eine Metallschüssel einen Topf in geeigneter Größe bereitstellen. Die Schüssel soll mit dem Boden gerade den Wasserspiegel berühren, aber nicht im Topf versinken. Oder einen kleineren Topf in einen größeren hängen und die Wassermenge so bemessen, daß beim Rühren kein Wasser in die Creme schwappt.

## Feuerfeste Förmchen für Soufflés

Für Desserts werden häufig kleine Förmchen gebraucht. Beim Einkauf sollte man darauf achten, daß man feuerfeste bekommt, die man hoch erhitzen, aber auch für kalte Speisen verwenden kann. Ein gutes Mittelmaß sind Förmchen von 0,2 l Inhalt, auch wenn sie nicht immer randvoll gefüllt werden. Es sind außerdem schmale hohe Förmchen zu empfehlen, denn die Soufflémasse steigt beim Garen hoch.

Die Förmchen mit Butter ausstreichen, danach mit feinem Kristallzucker ausstreuen: Je 1 Eßlöffel Zukker in die Förmchen streuen und diese nach allen Seiten drehen, bis der Zukker die Innenwände überzieht. Nicht haftenden Zucker wieder ausschütten.

## Gestürzte Desserts

Pudding, Gelee, Creme oder Eisdesserts werden oft gestürzt serviert. Natürlich muß das Rezept bereits das Stürzen des Desserts vorsehen, denn die nötige Festigkeit kann nur durch eine entsprechende Menge von Steifungsmitteln wie Gelatine oder Speisestärke erreicht werden oder durch die Zusammensetzung der Zutaten, die beim Garen eine stürzfähige Konsistenz erreichen. Wie das Stürzen am besten gelingt, zeigen wir Ihnen durch nebenstehende Bilder.

Heißen Pudding in der Form erkalten lassen. Ob ein Dessert aus einer großen Form gestürzt werden soll oder aus mehreren kleinen, in jedem Fall löst man die Speise zuerst mit einem dünnen, spitzen Messer vom Rand der jeweiligen Form.

## Flambierte Desserts

Durch das Flambieren erhalten Desserts die Würze der verwendeten Spirituose, die geschmacklich zu den Hauptbestandteilen passen soll. Man kann mit Calvados, Cognac, Kirschwasser, Himbeergeist oder Rum mit einem Alkoholgehalt von etwa 40 % flambieren oder mit Likören, deren Alkoholgehalt bei 38 % liegt. Flambiertes Obst, auf Eiscreme serviert, ist ein Genuß, ebenso aber auch flambierte Crêpes, Beignets oder Pudding.

Wer bei Tisch flambieren möchte, benötigt dafür ein Rechaud, eine spezielle Flambierpfanne und einen Saucenlöffel. Für Desserts wird in der Pfanne auf dem Rechaud zunächst eine meist fruchthaltige Sauce mit Zucker sirupartig eingekocht.

Das Wasser im Topf zum Kochen bringen, die Schüssel mit der zu rührenden Masse darüberstellen und die Hitze so regulieren, daß das Wasser nur mehr leicht kocht. Die Masse so lange rühren, bis sie die gewünschte Konsistenz erreicht hat. Das Wasser darf nur sprudelnd kochen, wenn die Schüssel nicht darin eintaucht.

Für das kalte Wasserbad finden sich leichter die passenden Gefäße. Wichtig ist auch hier, daß kein Wasser in die abzukühlende Masse gerät. Je mehr Eiswürfel dem Wasserbad hinzugefügt werden, desto rascher kühlt die Creme ab.

Sind die Förmchen für die Soufflémasse offensichtlich zu klein oder zu niedrig, schneidet man aus doppelt gefaltetem Pergamentpapier Streifen, die gut 4 cm höher als die Förmchen sind. Die Papierstreifen außen um die Förmchen legen und am oberen Rand mit Küchengarn festbinden.

Sind zu wenig Förmchen vorhanden, kann man aus extra starker Alufolie seinen Bestand vergrößern: Ein genügend großes Stück der Folie doppelt falten und fest um ein Förmchen drücken, etwas über dem Rand mit Küchengarn umwinden, die Ränder nach außen falten und das Modell herausnehmen.

Eiscreme in der Form in kaltes Wasser tauchen, im Kühlschrank erstarrte Speisen in der Form in warmes Wasser tauchen.

Für große Formen die Platte, auf die das Dessert gestürzt werden soll, auf die offene Form legen, Form und Platte mit einem Tuch umfassen und beides rasch wenden. Desserts aus kleinen Formen direkt auf Portionsteller stürzen.

In dieser Sauce erhitzt man dann kurz die zu flambierenden Früchte oder Crêpes, wendet sie mindestens einmal und beschöpft sie mit der Sauce. Die verwendete Spirituose wird über einer Kerzenflamme in einem Schöpflöffel etwas erwärmt.

Die Spirituose seitlich in die Pfanne gießen und etwas über das Flambiergut träufeln. Mit einem Kaminstreichholz den Alkohol zum Brennen bringen, kurz brennen lassen und das noch flammende Dessert auf Tellern anrichten. Die Sauce darübergießen.

# Verzieren und Garnieren

## Schokolade zum Verzieren

Schokolade zum Verzieren wird in Form von Streuseln, Mokkabohnen oder als Borkenschokolade angeboten.

**1** Block- oder Tafelschokolade mit dem Sparschäler in feine Streifen schneiden; sie zerfallen zu Raspeln.

**2** Für Borkenschokolade Schokolade dickflüssig schmelzen lassen, fast papierdünn auf eine glatte Fläche streichen und nach dem Festwerden abschaben.

**3** Für Blättchen die Schokolade im heißen Wasserbad schmelzen, mit einem feinen Pinsel auf Blätter streichen und im Gefriergerät in etwa 20 Minuten fest werden lassen. Die Blätter von der Schokolade ziehen.

**4** Für warme Saucen Schokolade mit etwas Sahne schmelzen lassen, mit Würfelchen von kandierten Früchten mischen und über Eiscreme träufeln.

## Saucen mit Muster

Eine delikate Sauce veredelt viele Desserts. Vor allem gestürzte Süßspeisen bieten, mit einer hübsch gemusterten Sauce angerichtet, eine besondere Augenweide.

**1** Kreisförmig auf eine helle Sauce eine dunklere träufeln. Beide Saucen mit einem Holzspießchen mischen.

**2** Mit einem Spritzbeutel mit kleiner Lochtülle Tupfen aus rotem Fruchtpüree kreisförmig auf die helle Sauce setzen. Mit einem Holzspießchen von einem Tupfen zum anderen feine Striche ziehen.

**3** Mit einem Spritzbeutel mit kleiner Lochtülle eine dünne Spirale aus Fruchtpüree spritzen. Mit einem Holzspießchen von innen nach außen Striche ziehen.

**4** Eine helle und eine dunklere Sauce aus zwei Gießern gleichzeitig auf den Teller fließen lassen.

# Früchte als Garnitur

Für Obstdesserts einige Früchte zum Garnieren kühl stellen. Auch Cremes, Quarkspeisen und Eisdesserts gewinnen durch Verzierungen aus Früchten.

**1** Kleine Rispen von Johannisbeeren nach dem Waschen noch feucht in feinem Kristallzucker wenden und ins Gefriergerät geben.

**2** Dünne Scheiben von ungespritzten Zitrusfrüchten bis zur Mitte hin einschneiden und an den Glasrand stecken oder die Scheiben zu Spiralen drehen.

**3** Beeren jeder Art mit Stielen in Zuckerglasur tauchen. Für die Glasur gesiebten Puderzucker mit heißem Weißwein mischen.

**4** Verschiedenfarbige kandierte Früchte in Streifen, Kreise, Blüten, Halbmonde schneiden. Oder die Früchte würfeln und auf Sahnerosetten streuen.

# Knuspriger Krokant

Man kann ihn fertig kaufen, muß aber das Verfalldatum beachten, da er überlagert leicht ranzig schmeckt. Selbst hergestellt schmeckt Krokant am besten.

**1** 2 Eßlöffel Butter zerlassen, je 100 g Zukker und gehackte Mandeln oder Nüsse hineinstreuen und unter Umrühren erhitzen, bis der Krokant hellbraun ist.

**2** Den heißen Krokant sofort auf ein großes Stück gefettete Alufolie streuen und mit einem Löffel zerbröseln.

**3** Den Krokant kalt werden lassen und vor dem Servieren der Desserts auf Sahnegarnituren oder Cremes streuen.

**4** Nicht gefrorene und nicht stürzfähige Cremes schichtweise mit dem Krokant in Dessertgläser füllen und mit Krokant abschließen.

# Nachtisch, bitte jeden Tag!

Feine Leckereien aus Obst und Milchprodukten,
dazwischen mal was Vollwertiges:
lauter kleine Glanzlichter
auch im ernährungsbewußten Speiseplan

# Beliebter Nachtisch mit Obst

Das Obst kann man für beide Desserts je nach Jahreszeit beliebig variieren

## Früchtecocktail mit Creme

im Bild links

| |
|---|
| 2 Kiwis |
| 1 Mango |
| 250 g Brombeeren |
| 250 g rote Johannisbeeren |
| 3 Eigelbe |
| 50 g Puderzucker |
| ½ Vanilleschote |
| 2 Eßl. Eierlikör |
| 0,2 l Sahne |

**Etwas teurer • Schnell**

Pro Person etwa 2100 kJ/
500 kcal · 16 g Eiweiß
41 g Fett · 41 g Kohlenhydrate

Zubereitungszeit: 30 Minuten

Die Kiwis dünn schälen, längs halbieren und in Scheibchen schneiden. • Die Mango schälen und das Fruchtfleisch in dünnen Spalten vom Stein schneiden. • Die Brombeeren waschen und abtropfen lassen. • Die Johannisbeeren waschen und 1 Rispe zum Garnieren beiseite legen. Die übrigen Beeren von den Rispen streifen. • Ebenso einige Brombeeren, einige Kiwischeibchen und 1 Mangospalte zurückbehalten. • Die Eigelbe im heißen Wasserbad mit dem Puderzucker gut schaumig rühren. • Die Vanilleschote längs aufschneiden, das Mark herausschaben und mit dem Eierlikör unter die Eiercreme mischen. • Die Sahne steif schlagen und unter die Creme ziehen. • Vier Dessertgläser mit den Früchten füllen, diese mit der Creme bedecken und die Portionen mit dem zurückbehaltenen Obst garnieren. • Das Dessert bis zum Servieren kühl stellen.

## Tutti frutti

im Bild rechts

| |
|---|
| 1 großer Pfirsich |
| 1 Eßl. Zitronensaft |
| 4 Eßl. Zucker |
| 150 g Himbeeren |
| 250 g reife Stachelbeeren |
| 2 Eier |
| ½ l Milch |
| 4 Eßl. Speisestärke |
| 1 Vanilleschote |
| 8 Löffelbiskuits |

**Gelingt leicht • Preiswert**

Pro Person etwa 1500 kJ/
360 kcal · 14 g Eiweiß
12 g Fett · 47 g Kohlenhydrate

Zubereitungszeit: 30 Minuten
Zeit zum Kühlen: 1 Stunde

Den Pfirsich kurz in kochendes Wasser legen, häuten, halbieren, den Stein entfernen, die Hälften in Spalten schneiden, mit dem Zitronensaft beträufeln und mit 2 Eßlöffeln Zucker bestreuen. • Die Beeren waschen, putzen, abtropfen lassen, mit den Pfirsichspalten mischen und zugedeckt beiseite stellen. • Die Eier in Eigelbe und Eiweiße trennen. • Von der Milch 6 Eßlöffel abnehmen und diese mit den Eigelben und der Speisestärke glattrühren. • Die Vanilleschote längs aufschneiden, das Mark herausschaben, mit den Schotenhälften und dem restlichen Zucker in die Milch geben. • Die Milch unter Umrühren zum Kochen bringen, die angerührte Speisestärke in die Milch mischen, einmal aufkochen lassen, vom Herd nehmen und die Schotenhälften aus der Milch nehmen. • Die Eiweiße zu steifem Schnee schlagen und unter den etwas abgekühlten Flammeri heben. • Die Biskuits in Stücke brechen und abwechselnd mit dem Obst und dem Vanilleflammeri in eine Schüssel schichten. Das Dessert bis zum Servieren kühl stellen.

# Flammeris mit Früchten

Pfirsiche und Erdbeeren verwenden, solange sie im Inland Saison haben

## Vanilleflammeri mit Erdbeeren

im Bild links

- ¼ l Milch
- 2 Eßl. Speisestärke
- 1 Prise Salz
- 2 Eßl. Zucker
- 1 Eigelb
- 400 g Erdbeeren
- 0,2 l Sahne
- 4 Teel. Vanillezucker

**Preiswert • Gelingt leicht**

Pro Person etwa 1600 kJ/380 kcal · 8 g Eiweiß
27 g Fett · 26 g Kohlenhydrate

Zubereitungszeit: 40 Minuten
Zeit zum Kühlen: 50 Minuten

Von der Milch 5 Eßlöffel abnehmen, die Speisestärke darin anrühren und mit dem Salz, dem Zucker und dem Eigelb verquirlen. • Die restliche Milch zum Kochen bringen und vom Herd nehmen. Die Eigelbmischung in die heiße Milch gießen und diese unter Umrühren noch einmal aufkochen lassen. • Den Flammeri zum Abkühlen in ein Wasserbad mit Eiswürfeln stellen und mehrmals umrühren, damit sich keine Haut bildet. • Die Erdbeeren waschen, abtropfen lassen, 8 Beeren beiseite legen, von den übrigen die Stielansätze entfernen und die Beeren vierteln. • Die Sahne mit dem Vanillezucker steif schlagen, ein Drittel davon in den Kühlschrank stellen. Die übrige Schlagsahne unter den kalten Flammeri heben. • Die Hälfte des Flammeris in eine Schüssel füllen, die Erdbeeren darauf verteilen und mit dem restlichen Flammeri bedecken. • Den Flammeri vor dem Servieren mit der Schlagsahne und den ganzen Erdbeeren garnieren.

## Pfirsichkranz

im Bild rechts

Zutaten für 1 Kranzform:

- 3 Eier
- ¼ l Pfirsichsaft
- ⅜ l trockener Weißwein
- 2 Eßl. Vanillezucker
- 2 Eßl. Zucker
- 50 g Speisestärke
- 500 g gelbe Pfirsiche
- Für die Form: Butter

**Braucht etwas Zeit**

Bei 8 Portionen pro Person etwa 780 kJ/190 kcal · 5 g Eiweiß
6 g Fett · 21 g Kohlenhydrate

Zubereitungszeit: 30 Minuten
Zeit zum Kühlen: 2 Stunden

Die Eier in Eigelbe und Eiweiße trennen. Die Eiweiße zu steifem Schnee schlagen. • Den Pfirsichsaft mit dem Weißwein, dem Vanillezucker und dem Zukker aufkochen lassen. • Die Speisestärke mit 4 Eßlöffeln kaltem Wasser anrühren und unter die Flüssigkeit mischen. Die Masse einmal aufkochen lassen, vom Herd nehmen, 2 Eßlöffel davon unter die Eigelbe mengen und die Eigelbe unter die angedickte Wein-Saft-Mischung rühren. Den Eischnee unter die etwas abgekühlte Masse ziehen. • Die Pfirsiche nacheinander kurz in kochendheißes Wasser tauchen, die Haut abziehen, die Pfirsiche halbieren und entsteinen. • Die Kranzform leicht mit Butter ausstreichen und die Pfirsichhälften mit der runden Seite nach unten hineinlegen. • Die Wein-Saft-Mischung über die Pfirsiche gießen und im Kühlschrank erstarren lassen. • Den Rand des Flammeris mit einem Messer von der Form lösen, die Form kurz in heißes Wasser tauchen und den Kranz auf eine Platte stürzen.

# Rhabarber mit Crème double

Ideal für alle, die Desserts nicht zu süß mögen

- 4 Blätter Gelatine
- ⅛ l Wasser
- 500 g Rhabarber
- 250 g Erdbeeren
- 2 Eßl. Weißwein
- 3 Eßl. Zucker
- 2 Teel. Vanillezucker
- Saft und abgeriebene Schale von 1 ungespritzten Zitrone
- 100 g Crème double

**Preiswert • Gelingt leicht**

Pro Person etwa 890 kJ/
210 kcal · 4 g Eiweiß
12 g Fett · 20 g Kohlenhydrate

Zubereitungszeit: 30 Minuten
Zeit zum Kühlen: 45 Minuten

Die Gelatine in dem Wasser einweichen. • Den Rhabarber waschen, abtrocknen, die Wurzelenden etwas kürzen und von oben nach unten die harten Fäden abziehen. • Den Rhabarber in Würfel schneiden. • Die Erdbeeren waschen, abtropfen lassen, von den Stielansätzen befreien und je nach Größe vierteln oder halbieren. • Den Rhabarber mit dem Wein, dem Zucker, dem Vanillezucker, dem Zitronensaft und der -schale zugedeckt 5 Minuten dünsten. Nach 2 Minuten die Erdbeeren hinzufügen. • Den Topf vom Herd nehmen und das Obst etwas abkühlen lassen. • Die Gelatine ausdrücken und in dem warmen Obst auflösen. • Die Rhabarber-Erdbeer-Mischung in eine Servierschüssel oder in Portionsschalen füllen und im Kühlschrank fest werden lassen. • Die Crème double verquirlen und vor dem Servieren auf das Dessert geben.

# Rhabarber-Dessert

Mit Rhabarber läßt sich manche Überraschung zaubern

- 600 g Rhabarber
- ⅛ l trockener Weißwein
- ¼ l Wasser
- Saft von 1 Zitrone
- 100 g Zucker
- 50 g Speisestärke
- 2 Eßl. Vanillezucker
- 100 g harte Löffelbiskuits
- 1 Eßl. Zucker
- 1 Messerspitze Zimtpulver
- 0,2 l Sahne

**Preiswert • Schnell**

Pro Person etwa 2200 kJ/
520 kcal · 8 g Eiweiß
19 g Fett · 76 g Kohlenhydrate

Zubereitungszeit: 25 Minuten
Zeit zum Kühlen: 1 Stunde

Von den Rhabarberstangen die Wurzelenden abschneiden und die harten Fäden von oben nach unten abziehen. • Den Rhabarber waschen und in 1 cm lange Stücke schneiden. • Den Wein mit dem Wasser, dem Zitronensaft und dem Zucker mischen, den Rhabarber hineinschütten und zugedeckt 5 Minuten sacht kochen lassen. • Die Speisestärke mit dem Vanillezucker und 4 Eßlöffeln kaltem Wasser anrühren, unter den Rhabarber mischen, einmal aufkochen lassen und vom Herd nehmen. • Das Dessert in eine kalt ausgespülte Servierschüssel oder in Portionsschalen füllen und im Kühlschrank kalt werden lassen. • Die Biskuits zwischen Frischhaltefolie mit dem Nudelholz zerdrücken. • Den Zucker mit dem Zimt mischen und mit der Sahne verrühren. Die Zimtsahne steif schlagen. • Die Schlagsahne auf das Dessert spritzen und die Biskuitbrösel darüberstreuen.

# Kiwigrütze mit Grenadine-Sahne

Kiwis enthalten etwa doppelt soviel Vitamin C wie Apfelsinen oder Zitronen!

- 5 sehr reife Kiwis
- 1 Grapefruit
- ⅜ l leichter Weißwein
- 75 g Zucker
- 40 g Speisestärke
- ½ Teel. gemahlener Ingwer
- 1 etwas festere Kiwi
- 1 rosafleischige Grapefruit
- 200 g Crème fraîche
- 6 Eßl. Grenadinesirup

**Gelingt leicht**
**Etwas teurer**

Pro Person etwa 2100 kJ/ 500 kcal · 4 g Eiweiß 20 g Fett · 66 g Kohlenhydrate

Zubereitungszeit: 40 Minuten
Zeit zum Kühlen: 1 Stunde

Die weichen Kiwis dünn schälen; bei reifen Früchten läßt sich die Schale auch oft mit dem Messer abziehen. • Die Kiwis vierteln und in Scheiben schneiden. • Die Grapefruit auspressen. • Den Wein mit dem Zucker zum Kochen bringen. • Die Speisestärke mit dem Grapefruitsaft und dem Ingwerpulver verrühren, in den Wein gießen, noch einmal aufkochen lassen und vom Herd nehmen. • Die Kiwischeiben mit der etwas abgekühlten Weinmasse vermengen, in vier Dessertschalen oder in eine Schüssel füllen und in den Kühlschrank stellen. • Die feste Kiwi schälen und in dünne Scheiben schneiden. Die Grapefruit sorgfältig schälen und die Filets herauslösen. • Die Crème fraîche mit dem Grenadinesirup verquirlen. • Die Grütze vor dem Servieren mit den Kiwischeiben und den Grapefruitfilets belegen, mit der Grenadine-Sahne übergießen.

Unser Tip: Wenn Kinder zur Tafelrunde gehören, den Wein durch Apfelsaft oder Ananassaft ersetzen. Wer das Dessert etwas »schlanker« möchte, nimmt nur die Hälfte der Crème fraîche oder ersetzt sie durch cremig gerührten Joghurt.

# Desserts mit Buttermilch und Joghurt

Eiweißreiche Desserts, die zugleich gute Vitaminspender sind

## Buttermilchgelee

im Bild links

- 500 g Erdbeeren
- 6 Blätter farblose Gelatine
- 2 Blätter rote Gelatine
- ¼ l Wasser
- ½ l Buttermilch
- 2 Eßl. Zitronensaft
- ½ Teel. abgeriebene ungespritzte Zitronenschale
- 3 Eßl. Zucker
- 1 Teel. Öl

**Preiswert**
**Braucht etwas Zeit**

Pro Person etwa 640 kJ/ 150 kcal · 10 g Eiweiß
3 g Fett · 22 g Kohlenhydrate

Zubereitungszeit: 30 Minuten
Zeit zum Erstarren: 4 Stunden

Die Hälfte der Erdbeeren waschen, die Stielansätze abzupfen und die Beeren pürieren. • Die zweite Hälfte zugedeckt im Kühlschrank aufbewahren. • Alle Gelatineblätter in dem Wasser einweichen. • Die Buttermilch mit dem Erdbeerpüree, dem Zitronensaft, der Zitronenschale und dem Zucker verrühren. • Die Gelatine ausdrücken und in einer kleinen Schüssel im heißen Wasserbad unter Rühren auflösen. • Ein Viertel der Erdbeermilch unter die Gelatine rühren und diese dann mit der gesamten Erdbeermilch vermengen. • Vier Portionsschalen mit dem Öl auspinseln, das Gelee einfüllen und im Kühlschrank erstarren lassen. • Vor dem Servieren die restlichen Erdbeeren waschen und von den Stielansätzen befreien. • Das Buttermilchgelee mit einem Messer vom Rand der Schalen lösen, kurz in heißes Wasser tauchen und auf Teller stürzen. Jede Portion mit Erdbeeren garnieren.

## Orangen-Joghurt-Speise

im Bild rechts

- 9 Blätter Gelatine
- ¼ l Wasser
- 600 g Vollmilchjoghurt
- 4 Eßl. Zucker
- 3 Teel. Vanillezucker
- 4 Blutorangen
- ¼ l Sahne
- 1 Teel. Öl
- 2 Eßl. gehackte Pistazien

**Preiswert**
**Braucht etwas Zeit**

Pro Person etwa 1900 kJ/ 450 kcal · 13 g Eiweiß
30 g Fett · 34 g Kohlenhydrate

Zubereitungszeit: 40 Minuten
Zeit zum Erstarren: 4 Stunden

Die Gelatine in dem kalten Wasser einweichen. • Den Joghurt mit dem Zucker, dem Vanillezucker und dem Saft von 2 Orangen verrühren. • Die Gelatine ausdrücken, in eine kleine Schüssel geben und diese in heißes Wasser stellen. Die Gelatine unter Rühren auflösen. • Ein Viertel der Joghurtmasse mit der Gelatine mischen. Die Gelatinelösung mit dem gesamten Joghurt vermengen. • Die Sahne steif schlagen und kalt stellen. • Sobald die Joghurtmasse zu stocken beginnt, die Schlagsahne darunterziehen. • Vier Portionsschalen mit dem Öl ausstreichen, die Speise einfüllen und im Kühlschrank erstarren lassen. • Die beiden übrigen Orangen mit einem scharfen Messer schälen, dabei auch die weiße Haut entfernen und die Orangenspalten filetieren. • Die Speise mit einem Messer vom Rand der Schalen lösen. Die Schalen kurz in heißes Wasser tauchen und das Gelee auf Teller stürzen. Die Portionen mit den Orangenfilets umlegen und mit den Pistazien bestreuen.

# Fruchtgrützen als erfrischender Nachtisch

Auch ein überraschender Dessertgenuß im Winter, weil sich Grützen gut einfrieren lassen

## Rote Grütze

im Bild links

250 g Brombeeren
250 g Himbeeren
250 rote Johannisbeeren
2 Eßl. Speisestärke
¼ l schwarzer Johannisbeermost
2 Eßl. Zucker

**Gelingt leicht**
**Berühmtes Rezept**

Pro Person etwa 660 kJ/
160 kcal · 3 g Eiweiß
1 g Fett · 34 g Kohlenhydrate

Zubereitungszeit: 30 Minuten
Zeit zum Kühlen: 1 Stunde

Die Brombeeren und die Himbeeren mehrmals in stehendem Wasser waschen. • Die Johannisbeeren waschen und von den Rispen streifen. Alle Beeren abtropfen lassen. • Die Speisestärke mit 4 Eßlöffeln Johannisbeermost verrühren. • Den restlichen Most mit dem Zucker in einem Topf verrühren, zum Kochen bringen und die Beeren untermischen. Die Speisestärke hinzufügen und unter Umrühren einmal aufkochen lassen. • Die Grütze in eine Schüssel oder in vier Portionsschalen füllen und im Kühlschrank kalt werden lassen. • Die rote Grütze nach Belieben mit flüssiger Sahne servieren, Makronen oder Hohlhippen dazu reichen.

Unser Tip: Gut schmeckt auch eine grüne Stachelbeergrütze. Allerdings müssen Stachelbeeren zuvor weich, aber nicht musig gekocht werden. Statt der Speisestärke dann ½ Päckchen Vanillepudding-Pulver verwenden und die Zuckermenge etwas erhöhen.

## Pflaumengrütze

im Bild rechts

750 g reife Pflaumen
⅛ l Rotwein
⅛ l Wasser
5 Eßl. Zucker
½ Stange Zimt
1 kleines Stück ungespritzte Zitronenschale
2 Eßl. Speisestärke

**Gelingt leicht • Preiswert**

Pro Person etwa 910 kJ/
220 kcal · 2 g Eiweiß
0 g Fett · 46 g Kohlenhydrate

Zubereitungszeit: 30 Minuten
Zeit zum Kühlen: 1 Stunde

Die Pflaumen waschen, abtrocknen, vierteln und entsteinen. • Den Rotwein mit dem Wasser, dem Zucker, dem Zimt und der Zitronenschale mischen und zum Kochen bringen. • Die Pflaumen in den Weinsud schütten und alles erneut zum Kochen bringen. • Die Speisestärke mit 4 Eßlöffeln Wasser anrühren, unter die Pflaumen mischen und einmal aufkochen lassen. Die Zimtstange und die Zitronenschale entfernen. • Die Grütze in eine Schüssel oder in vier Portionsschalen füllen und nach dem Abkühlen im Kühlschrank erstarren lassen. • Dazu schmeckt Vanillesahne.

# Walderdbeercreme auf Hirse

Ein Genuß für alle, die sich gerne vollwertig ernähren

½ l Milch
½ Teel. gemahlene Vanille
100 g Zuckerrohrgranulat
150 g Hirse
150 g Walderdbeeren
1 Eßl. Zitronensaft
½ Teel. abgeriebene ungespritzte Zitronenschale
2 Teel. gemahlene Gelatine
200 g Magerquark
2 Eier
⅛ l Sahne

**Vollwertrezept**
**Braucht etwas Zeit**

Pro Person etwa 2200 kJ/ 520 kcal · 23 g Eiweiß 21 g Fett · 62 g Kohlenhydrate

Vorbereitungszeit: 40 Minuten
Garzeit: 50 Minuten

Die Milch mit der Vanille, 30 g Zuckerrohrgranulat und der Hirse 20 Minuten bei schwacher Hitze kochen lassen. Die Hirse danach in weiteren 30 Minuten zugedeckt ausquellen lassen. • Die Erdbeeren kalt waschen, abtropfen lassen, mit dem Zitronensaft, der Zitronenschale und 20 g Zuckerrohrgranulat vermischen und zugedeckt mindestens 30 Minuten ziehen lassen. • Die Gelatine mit 2 Eßlöffeln Wasser in einem Metallgefäß verrühren und 10 Minuten quellen lassen. • Die Hirse abkühlen lassen und in eine Servierschüssel füllen. • Die Erdbeeren pürieren und mit dem Quark verrühren. • Die Gelatine in einem Topf im heißen Wasserbad unter Rühren auflösen, und mit dem Erdbeerquark mischen. • Die Eier mit dem restlichen Zuckerrohrgranulat schaumig rühren. • Die Sahne steif schlagen. Die Schlagsahne und die Eiercreme unter den Erdbeerquark mischen, diesen über die Hirse füllen und das Dessert bis zum Servieren in den Kühlschrank stellen.

# Nachspeisen mit Obst und Schrot

Am wertvollsten, wenn das Getreide frisch geschrotet verwendet wird

## Äpfel mit Ingwerhaube

im Bild links

| |
|---|
| 2 große säuerliche Äpfel |
| ⅜ l Wasser |
| Saft und abgeriebene Schale von |
| ½ ungespritzten Zitrone |
| 1 Messerspitze gemahlene Vanille |
| 60 g geschroteter Naturreis |
| 20 g Korinthen |
| 1 Eßl. kandierter Ingwer |
| 20 g gemahlene Mandeln |
| 50 g Honig · 0,1 l Sahne |

**Vollwertrezept • Preiswert**

Pro Person etwa 1200 kJ/
290 kcal · 3 g Eiweiß
11 g Fett · 40 g Kohlenhydrate

Zubereitungszeit: 1 Stunde

Die Äpfel waschen, halbieren, dünn schälen und von den Kerngehäusen befreien. • Das Wasser mit der Zitronenschale und dem Zitronensaft sowie mit der Vanille in einen flachen Topf schütten. • Die Äpfel mit der Schnittfläche nach oben nebeneinander hineinsetzen und zugedeckt in 5 bis 10 Minuten (je nach Apfelsorte) bei schwacher Hitze garen. • Die Apfelhälften mit dem Schaumlöffel aus dem Topf nehmen und mit der Schnittfläche nach oben auf Dessertteller legen. • Die Kochflüssigkeit der Äpfel erneut zum Kochen bringen, den Reisschrot langsam einstreuen, dabei mit dem Schneebesen umrühren. Den Reisschrot knapp 5 Minuten bei schwacher Hitze leicht kochen, dann in weiteren 5 Minuten auf der ausgeschalteten Herdplatte ausquellen lassen. • Die Korinthen warm waschen und abtropfen lassen. Den Ingwer feinhacken. • Den Reisschrot in einem Sieb abtropfen lassen, mit den Korinthen, zwei Dritteln vom Ingwer, den Mandeln und dem Honig mischen und abkühlen lassen. • Die Sahne steif schlagen, unter die Reismischung ziehen und diese als »Hauben« auf den Apfelhälften verteilen. Den restlichen Ingwer darüberstreuen.

## Dreikornschale mit Kirschen

im Bild rechts

| |
|---|
| je 20 g mittelgrob geschroteter |
| Weizen, Roggen und Gerste |
| 30 g grobgehackte Mandeln |
| 3 Eßl. Zuckerrohrgranulat |
| 2 Teel. Kakaopulver |
| 2 Messerspitzen Zimtpulver |
| 500 g Sauerkirschen |
| 0,2 l Sahne |

**Vollwertrezept**
**Gelingt leicht**

Pro Person etwa 1500 kJ/
360 kcal · 6 g Eiweiß
21 g Fett · 36 g Kohlenhydrate

Zubereitungszeit: 30 Minuten

Den Schrot und die Mandeln in einer schweren Pfanne ohne Fett bei mittlerer Hitze unter ständigem Wenden rösten, bis die Masse dunkler geworden ist und angenehm duftet. • Die Pfanne vom Herd nehmen, 1 Eßlöffel Zuckerrohrgranulat, das Kakaopulver und 1 Messerspitze Zimt unter die Schrotmischung rühren und diese abkühlen lassen. • Die Kirschen waschen, trockentupfen und entsteinen. Das restliche Zuckerrohrgranulat mit den Kirschen mischen. • Die Sahne steif schlagen, 4 Eßlöffel davon zum Garnieren kühl stellen. Die Kirschen, die übrige Schlagsahne und die Schrotmischung miteinander vermengen, eventuell noch mit etwas Zuckerrohrgranulat abschmecken. • Auf jede Portion 1 Eßlöffel Schlagsahne geben, den restlichen Zimt darüberstäuben. • Das Dessert möglichst bald servieren.

# Verlockende Fruchtkombinationen

Zarte Desserts, die ein wenig Wartezeit im Kühlschrank gut überstehen

## Erdbeercreme

im Bild links

- 4 Blätter Gelatine
- ⅛ l Wasser
- 500 g Erdbeeren
- 3 Eier
- ½ ungespritzte Zitrone
- 100 g Zucker
- 0,2 l Sahne
- 25 g zartbittere Schokolade

**Gelingt leicht • Schnell**

Pro Person etwa 1900 kJ/ 450 kcal · 14 g Eiweiß 27 g Fett · 40 g Kohlenhydrate

Zubereitungszeit: 30 Minuten

Die Gelatine in dem Wasser einweichen. • Die Erdbeeren waschen, abtropfen lassen und 8 schöne Beeren zum Garnieren beiseite legen. • Die übrigen Beeren von den Stielansätzen befreien und mit einer Gabel zerdrükken. • Die Eier in Eigelbe und Eiweiße trennen. • Die Zitrone warm waschen, abtrocknen, die Schale abreiben und den Saft auspressen. • Die Eigelbe im heißen Wasserbad mit dem Zucker schaumig rühren, bis sich der Zucker ganz gelöst hat. Die Zitronenschale und eßlöffelweise das Erdbeerpüree untermischen. • Den Zitronensaft erhitzen, die Gelatine ausdrücken und darin auflösen. • Zuerst 2 Eßlöffel, dann die gesamte Erdbeercreme unter die Gelatineflüssigkeit rühren. • Die Creme im Kühlschrank erkalten lassen. • Die Sahne und die Eiweiße getrennt steif schlagen. • Die Hälfte der Schlagsahne in den Kühlschrank stellen. Die übrige Sahne mit dem Eischnee unter die Erdbeercreme ziehen. • Die Creme in eine Glasschale füllen, mit den zurückbehaltenen Erdbeeren, der Schlagsahne und der geraspelten Schokolade verzieren. • Das Dessert bis zum Servieren kühl stellen.

## Joghurtring mit Nektarinen

im Bild rechts

- Zutaten für 1 Ringform:
- 9 Blätter Gelatine
- ¼ l Wasser
- 1 ungespritzte Zitrone
- 1 Vanilleschote
- 4 Eßl. Zucker
- 1 kg Vollmilchjoghurt
- ¼ l Sahne
- 5 Nektarinen
- 2 Eßl. Hagelzucker
- 1 Eßl. Orangenlikör
- 50 g gehackte Pistazien

**Braucht etwas Zeit**

Bei 8 Portionen pro Person etwa 1260 kJ/300 kcal · 9 g Eiweiß 19 g Fett · 23 g Kohlenhydrate

Zubereitungszeit: 45 Minuten
Zeit zum Erstarren: 4 Stunden

Die Gelatine in dem Wasser einweichen. • Die Zitronenschale abreiben, den Saft auspressen. • Die Vanilleschote längs aufschneiden, das Mark herausschaben und mit dem Zukker, der Zitronenschale und dem -saft unter den Joghurt rühren. • 3 Eßlöffel Wasser erhitzen, die ausgedrückte Gelatine darin auflösen und langsam die Joghurtmasse unterziehen. • Die Sahne steif schlagen und untermischen. • Die Ringform kalt ausspülen, die Joghurtmasse einfüllen und im Kühlschrank fest werden lassen. • Die Nektarinen mit kochendem Wasser überbrühen, die Haut abziehen, halbieren, entsteinen, in Stücke schneiden. • Die Nektarinen mit dem Hagelzucker, dem Likör und den Pistazien vermengen und im Kühlschrank durchziehen lassen. • Den Joghurtring auf eine Platte stürzen und die Nektarinen in die Mitte füllen.

# Beeren-Potpourri

Mit körnigem Frischkäse eiweiß- und wertstoffreich

| |
|---|
| 250 g Erdbeeren |
| 200 g Johannisbeeren |
| 125 g Heidelbeeren |
| 125 g Himbeeren |
| 5 Eßl. Zucker |
| ½ Vanilleschote |
| 1 ungespritzte Zitrone |
| ⅛ l Sahne |
| 500 g körniger Frischkäse |

**Gelingt leicht**
**Braucht etwas Zeit**

Pro Person etwa 1500 kJ/ 360 kcal · 20 g Eiweiß 16 g Fett · 31 g Kohlenhydrate

Zubereitungszeit: 30 Minuten
Marinierzeit: 6 Stunden

Die Erdbeeren und die Johannisbeeren waschen, abtropfen lassen und entstielen. • Die Heidelbeeren und die Himbeeren mehrmals in stehendem Wasser waschen, dann ebenfalls abtropfen lassen. • Alle Beeren mit 4 Eßlöffeln Zucker mischen und zugedeckt 6 Stunden im Kühlschrank durchziehen lassen. • Die Vanilleschote längs aufschneiden und das Mark herausschaben. • Die Zitrone heiß waschen, abtrocknen und die Schale fein abreiben. • Die Sahne mit dem Vanillemark und dem restlichen Zucker steif schlagen und die abgeriebene Zitronenschale untermischen. • Den Frischkäse mit zwei Gabeln auflockern und die Schlagsahne unterheben. Das Dessert in einer Schüssel oder auf Portionstellern anrichten; auf den Frischkäse die Beeren füllen.

# Johannisbeercreme

Aus roten und schwarzen Johannisbeeren

| |
|---|
| je 250 g rote und schwarze Johannisbeeren |
| 6 Blätter Gelatine |
| ¼ l Wasser |
| 3 Eier |
| ⅛ l Milch |
| 2 Eßl. Vanillezucker |
| 100 g Zucker |
| 0,2 l Sahne |
| 2 Eßl. Eierlikör |

**Gelingt leicht**

Pro Person etwa 2100 kJ/ 500 kcal · 16 g Eiweiß 26 g Fett · 47 g Kohlenhydrate

Zubereitungszeit: 30 Minuten
Zeit zum Kühlen: 1 Stunde

Die Johannisbeeren waschen, abtropfen lassen und einige schöne Rispen zum Garnieren beiseite legen. • Die übrigen Beeren von den Rispen zupfen und durch ein Haarsieb streichen. • Die Gelatine in dem Wasser einweichen. • Die Eier in Eigelbe und Eiweiße trennen. • Die Milch aufkochen lassen. • Die Eigelbe im heißen Wasserbad mit dem Vanillezucker und 75 g Zucker schaumig rühren. Die heiße Milch in dünnem Strahl unter ständigem Rühren einfließen lassen und die Creme im heißen Wasserbad 5 Minuten rühren. • Die Gelatine ausdrücken und in der heißen Creme auflösen. • Das Beerenpüree eßlöffelweise untermischen. Die Fruchtcreme kühl stellen. • Die Eiweiße zu steifem Schnee schlagen. • Die Sahne mit dem restlichen Zucker halbsteif schlagen. Die Hälfte der Schlagsahne und den Eischnee unter die Fruchtcreme ziehen, wenn diese zu stocken beginnt. Die Creme in vier Gläser füllen und im Kühlschrank erstarren lassen. • Die restliche Schlagsahne mit dem Eierlikör mischen und über das Dessert gießen, die übrigen Johannisbeeren daraufgeben.

# Erdbeeren, raffiniert serviert

Am besten schmecken diese Desserts zur Zeit der heimischen Erdbeerernte

## Erdbeermousse

im Bild links

- 4 Blätter Gelatine
- ⅛ l Wasser
- 400 g Erdbeeren
- gut ⅛ l Milch
- 1 Messerspitze Zimtpulver
- 2 Eier · 50 g Zucker
- 1 Teel. Zitronensaft
- 0,2 l Sahne
- 2 Eßl. gehackte Mandeln
- 4 Blättchen Zitronenmelisse

**Etwas schwierig**

Pro Person etwa 1600 kJ/
380 kcal · 12 g Eiweiß
26 g Fett · 24 g Kohlenhydrate

Zubereitungszeit: 40 Minuten
Zeit zum Kühlen: 3 Stunden

Die Gelatine in dem Wasser einweichen. • Die Erdbeeren waschen, abtropfen lassen, von den Stielansätzen befreien und 12 Beeren zum Garnieren zugedeckt in den Kühlschrank stellen. Die restlichen Beeren durch ein Haarsieb streichen. • Die Milch mit dem Zimt aufkochen lassen und vom Herd nehmen. • Die Eier in Eigelbe und Eiweiße trennen. • Die Eigelbe mit dem Zukker schaumig rühren und die heiße Milch in einem dünnen Strahl einfließen lassen. • Die Gelatine ausdrücken und unter Rühren in der noch warmen Flüssigkeit auflösen. • Die Eiermilch noch so lange schlagen, bis sie cremig wird. • Die Eiweiße mit dem Zitronensaft zu steifem Schnee schlagen. • Die Sahne ebenfalls steif schlagen. Ein Drittel der Schlagsahne in den Kühlschrank stellen. Die restliche Schlagsahne mit dem Eischnee und dem Erdbeerpüree unter die Eiercreme ziehen. • Die Mousse in eine Schale füllen und im Kühlschrank fest werden lassen. • Die Mousse vor dem Servieren mit der zurückbehaltenen Sahne, den Erdbeeren, den gehackten Mandeln und mit den Melisseblättern garnieren.

Unser Tip: Wenn Sie die Mousse stürzen möchten, sollten Sie 6 Blätter Gelatine verwenden und das Dessert mindestens 4 Stunden kühl stellen.

## Erdbeerbecher

im Bild rechts

- 0,4 l Milch · 4 Eßl. Zucker
- 100 g Rundkornreis
- 500 g Erdbeeren · 0,2 l Sahne
- 3 Teel. Vanillezucker
- abgeriebene Schale von
- 1 ungespritzten Zitrone

**Preiswert • Gelingt leicht**

Pro Person etwa 1700 kJ/
400 kcal · 8 g Eiweiß
21 g Fett · 49 g Kohlenhydrate

Zubereitungszeit: 1 Stunde
Zeit zum Kühlen: 1 Stunde

Die Milch mit 1 Eßlöffel Zukker zum Kochen bringen. Den Reis in die Milch streuen und im offenen Topf in 40 Minuten bei sehr schwacher Hitze ausquellen lassen; während dieser Zeit mehrmals umrühren, da Milchreis leicht anbrennt. • Inzwischen die Erdbeeren waschen, abtropfen lassen, von den Stielansätzen befreien, vierteln und mit dem übrigen Zucker bestreuen. Die Erdbeeren zugedeckt in den Kühlschrank stellen. • Den garen Milchreis in ein kaltes Wasserbad mit Eiswürfeln stellen und öfter umrühren, damit er rasch abkühlt. Den kalten Reis noch 30 Minuten in den Kühlschrank stellen. • Die Sahne mit dem Vanillezucker steif schlagen. • Den Milchreis in vier Gläser verteilen, die Erdbeeren auf den Reis geben und die Beeren mit der Schlagsahne bedekken. Jede Portion mit Zitronenschale bestreuen.

# Fruchtgelee mit Vanillecreme

Ein Beerendessert mit Pfirsich und Aprikose einmal anders als gewohnt

| | |
|---|---|
| 4 Blätter Gelatine | |
| ⅛ l Wasser | |
| ½ Vanilleschote | |
| gut ⅛ l Milch | |
| 300 g gemischte reife Beeren | |
| 1 Pfirsich | |
| 2 Aprikosen | |
| 4 Eßl. Zucker | |
| ¼ l lieblicher Weißwein | |
| 2 Eigelbe | |
| 3 Eßl. Zucker | |

**Etwas schwierig**
**Braucht etwas Zeit**

Pro Person etwa 1500 kJ/
360 kcal · 12 g Eiweiß
18 g Fett · 35 g Kohlenhydrate

Zubereitungszeit: 45 Minuten
Zeit zum Erstarren: 4 Stunden

Die Gelatine in dem Wasser einweichen. • Die Vanilleschote längs aufschneiden, das Mark herausschaben, mit der Schote in der Milch zum Kochen bringen und vom Herd nehmen. • Die Beeren waschen und abtropfen lassen. • Den Pfirsich mit kochendheißem Wasser überbrühen, häuten, halbieren und entsteinen. • Die Aprikosen waschen, abtrocknen, halbieren, entsteinen und mit dem Pfirsich würfeln. • Die Obstwürfel mit den Beeren und dem Zucker mischen. • Den Weißwein erwärmen. Die Gelatine ausdrücken, in dem Wein auflösen. • Etwas Obst auf den Boden einer Schale geben, mit wenig Gelatineflüssigkeit begießen und diesen Spiegel im Kühlschrank erstarren lassen. • Die restliche Gelatine mit dem Obst mischen, auf den Geleespiegel füllen und ebenfalls im Kühlschrank erstarren lassen. • Die Vanilleschote aus der Milch nehmen und diese erneut zum Kochen bringen. • Die Eigelbe mit dem Zucker schaumig rühren. Die heiße Milch in dünnem Strahl langsam einfließen lassen und bei schwacher Hitze noch so lange rühren, bis sie sämig ist; jedoch keinesfalls kochen lassen. Die Vanillecreme kühl stellen. • Das Gelee auf eine Platte stürzen und die Vanillecreme dazu reichen.

# Sauerkirschen mit Schwarzbrot

Eine aparte, eigenwillige Mischung für Ernährungsbewußte

| | |
|---|---|
| 150 g altbackenes | |
| Roggen-Vollkornbrot | |
| 2 Eßl. flüssiger Blütenhonig | |
| 1 Eßl. Maraschinolikör | |
| 1 Messerspitze Zimtpulver | |
| 400 g Sauerkirschen | |
| 1 Eßl. Zuckerrohrgranulat | |
| 0,2 l Sahne | |

**Vollwertrezept • Schnell**

Pro Person etwa 1400 kJ/ 330 kcal · 5 g Eiweiß 17 g Fett · 39 g Kohlenhydrate

Zubereitungszeit: 30 Minuten

Mit einem Reibeisen vom Brot die Rinde vollständig abreiben. Das Brot in Scheiben schneiden und zerbröseln (hartes Brot zwischen Folie mit dem Nudelholz zerdrücken). • Die Brotbrösel mit der Hälfte des Honigs, dem Maraschinolikör und dem Zimtpulver mischen. • Die Kirschen waschen, trockentupfen und entsteinen. Das Zuckerrohrgranulat mit den Kirschen mischen. • Die Sahne mit dem übrigen Honig steif schlagen. • Abwechselnd von der Brotmischung, den Kirschen und der Honigsahne Schichten in vier Dessertgläser füllen, mit einer Sahneschicht abschließen und auf jede Portion einige zurück behaltene Brotbrösel streuen.

Unser Tip: Wenn Sie das Dessert mit süßen Kirschen zubereiten, kann auf das Zuckerrohrgranulat verzichtet werden. Besonders wohlschmeckend wird die Speise, wenn man unter die Brotmischung noch 50 g feingehackte Haselnüsse gibt und auch die oberste Sahneschicht mit gehackten Nüssen bestreut.

# Fantasievolle Nachspeisen

Bekanntes mit viel Liebe zubereitet

## Pflaumen mit englischer Creme

im Bild links

| |
|---|
| Für das Kompott: |
| 500 g Pflaumen |
| ½ ungespritzte Zitrone |
| ½ Stange Zimt |
| 2 Gewürznelken · 2 Eßl. Zucker |
| ⅛ l trockener Rotwein |
| Für die Creme: |
| 1 Vanilleschote · ⅛ l Milch |
| 5 Eigelbe · 4 Eßl. Zucker |
| ¼ l Sahne |

**Spezialität**
**Braucht etwas Zeit**

Pro Person etwa 1930 kJ/ 460 kcal · 23 g Eiweiß 61 g Fett · 35 g Kohlenhydrate

Zubereitungszeit: 1 ¼ Stunden

Die Pflaumen waschen, abtrocknen, halbieren und entsteinen. • Die Zitrone warm waschen, abtrocknen, ein Stück Schale abschneiden und den Saft auspressen. • Die Pflaumen mit der Zimtstange, der Zitronenschale, dem Zitronensaft, den Gewürznelken, dem Zucker und dem Rotwein bei schwacher Hitze 10 Minuten zugedeckt kochen lassen. • Das Kompott in eine Schüssel füllen und abkühlen lassen. • Für die Vanillecreme die Vanilleschote längs aufschneiden und das Mark herausschaben. • Die Milch mit dem Vanillemark und den Schotenhälften aufkochen lassen, vom Herd nehmen und zugedeckt 10 Minuten ziehen lassen. • Die Eigelbe mit dem Zucker im heißen Wasserbad weißschaumig schlagen. • Die Vanilleschote aus der Milch entfernen. • Die flüssige Sahne und die noch heiße Milch unter die Creme rühren und diese im heißen Wasserbad schlagen, bis sie sämig wird. Die Creme unter öfterem Durchrühren mit dem Schneebesen abkühlen lassen, dann über das Kompott geben.

## Rosa Wölkchen

im Bild rechts

| |
|---|
| 7 Blätter Gelatine |
| ¼ l Wasser |
| 250 g Erdbeeren |
| 75 g Zucker |
| 2 Eßl. Vanillezucker |
| ½ l Sahne |
| 150 g Vollmilchjoghurt |
| 1 ungespritzte Zitrone |
| 2 Eßl. Puderzucker |

**Preiswert • Gelingt leicht**

Pro Person etwa 2400 kJ/ 570 kcal · 8 g Eiweiß 41 g Fett · 41 g Kohlenhydrate

Zubereitungszeit: 20 Minuten
Zeit zum Erstarren: 1 Stunde

Die Gelatine in dem kalten Wasser einweichen. • Die Erdbeeren waschen, abtropfen lassen und von den Stielansätzen befreien. Einige Beeren zum Garnieren kühl stellen. • Die übrigen Beeren mit dem Zucker und dem Vanillezucker bestreuen und mit einer Gabel zerdrücken. • Die Hälfte der Sahne mit dem Joghurt schaumig rühren. • Die Zitrone warm waschen und abtrocknen. Die Schale abreiben und den Saft auspressen. • Den Zitronensaft erhitzen und die ausgedrückte Gelatine darin auflösen. 3 Eßlöffel der Joghurtcreme unter den Zitronensaft mischen und diesen dann mit der Zitronenschale und der gesamten Creme verrühren. • Die Creme kühl stellen, bis sie zu stocken beginnt. • Die restliche Sahne steif schlagen, mit dem Erdbeerpüree unter die Creme mischen. Die Masse im Kühlschrank fest werden lassen. • Vier Dessertteller mit dem Puderzucker besieben. Mit einem nassen Eßlöffel Nokken von der Creme abstechen und auf die Teller verteilen. Die rosa Wölkchen mit den zurückbehaltenen Erdbeeren garnieren.

# Karamel-Äpfel mit Calvados

Statt Calvados kann auch Orangenlikör verwendet werden

- 4 säuerliche Äpfel
- 2 Teel. Zitronensaft
- 150 g Zucker
- 1 Gewürznelke
- gut ⅛ l kohlensäurefreies Mineralwasser
- 2 cl Calvados (1 Schnapsglas)
- 3 Eßl. kohlensäurefreies Mineralwasser

**Berühmtes Rezept**

Pro Person etwa 980 kJ/
230 kcal · 1 g Eiweiß
1 g Fett · 54 g Kohlenhydrate

Zubereitungszeit: 40 Minuten
Marinierzeit: 1 Stunde

Die Äpfel schälen und vierteln. Die Kerngehäuse entfernen, die Viertel noch einmal durchschneiden und mit dem Zitronensaft beträufeln. • 100 g Zucker, die Nelke und das Mineralwasser in einem Topf unter Rühren erhitzen, bis sich der Zucker völlig aufgelöst hat. • Die Apfelspalten in die Zuckerlösung legen und zugedeckt bei schwacher Hitze 15 Minuten kochen lassen, dann in eine flache Schale legen. • Die Gewürznelke entfernen. Die Zuckerlösung im offenen Topf unter Rühren noch etwas einkochen lassen, vom Herd nehmen, mit dem Calvados mischen und über die Apfelspalten gießen. • Die Äpfel etwas abkühlen, dann zugedeckt im Kühlschrank durchziehen lassen. • Den restlichen Zucker mit dem Mineralwasser bei schwacher Hitze in einer Pfanne schmelzen lassen, unter ständigem Rühren zum Kochen bringen und so lange weiterrühren, bis der Zucker hellbraun karamelisiert ist. • Den Karamel in dünnen Fäden über die Äpfel träufeln.

# Melonenkaltschale

Erfrischender Imbiß für heiße Tage

- 2 Blätter Gelatine
- ⅛ l Wasser
- je 1 Zucker- und Honigmelone von je 750 g
- 2 Orangen
- 100 g Zuckerrohrgranulat
- 1 ungespritzte Zitrone
- 2 Eßl. Orangenlikör
- 1 Zweig Zitronenmelisse
- einige Eiswürfel

**Vollwertrezept**
**Gelingt leicht**

Pro Person etwa 990 kJ/
240 kcal · 5 g Eiweiß
0 g Fett · 52 g Kohlenhydrate

Zubereitungszeit: 20 Minuten
Zeit zum Kühlen: 1 Stunde

Die Gelatine in dem kalten Wasser einweichen. • Die Melonen vierteln und die Kerne entfernen. Von jeweils 1 Melonenviertel das Fruchtfleisch mit einem Kugelausstecher ausstechen. • Die übrigen Melonenviertel schälen. • Den Saft der Orangen auspressen, mit dem Zuckerrohrgranulat zu den Melonenvierteln geben und alles pürieren. • Die Zitrone warm waschen, abtrocknen und dünn schälen. Die Zitronenschale in sehr feine Streifen (Julienne) schneiden. • Den Zitronensaft auspressen und erhitzen. • Die Gelatine ausdrücken, in dem heißen Zitronensaft auflösen und mit dem Orangenlikör unter das Fruchtpüree mengen. • Die Melonenkugeln in die Kaltschale mischen und diese bis zum Servieren in den Kühlschrank stellen. • Die Zitronenmelisse lauwarm abbrausen, trockentupfen, die Blätter abzupfen und mit den zerkleinerten Eiswürfeln in die Kaltschale streuen.

# Saisonbedingte Fruchtdesserts

Auch für diese Süßspeisen sollte man keine konservierten Früchte verwenden

## Brombeercreme

im Bild links

| |
|---|
| 4 Blätter rote Gelatine |
| ¼ l Wasser |
| 500 g Brombeeren |
| 100 g Zuckerrohrgranulat |
| 8 Eßl. Apfelsaft |
| 1 Apfel |
| 2 Teel. Zitronensaft |
| ⅛ l Sahne |
| 2 Eiweiße |
| 1 Prise Salz |

**Vollwertrezept • Schnell**

Pro Person etwa 1300 kJ/
310 kcal · 9 g Eiweiß
13 g Fett · 42 g Kohlenhydrate

Zubereitungszeit: 30 Minuten
Zeit zum Kühlen: 1 Stunde

Die Gelatine in dem kalten Wasser einweichen. • Die Brombeeren waschen, in einem Sieb abtropfen lassen und 20 schöne Beeren beiseite legen. • Die restlichen Brombeeren mit dem Zuckerrohrgranulat und dem Apfelsaft zum Kochen bringen und zugedeckt bei schwacher Hitze 10 Minuten kochen, durch ein Haarsieb streichen, noch einmal erhitzen, aber nicht kochen lassen. • Die Gelatine ausdrücken, in dem Beerenpüree auflösen und im Kühlschrank stocken lassen. • Den Apfel waschen, trockenreiben und raspeln. Die Apfelraspel mit dem Zitronensaft mischen und unter das Beerenpüree mengen. • Die Sahne steif schlagen. Die Eiweiße mit dem Salz zu steifem Schnee schlagen. • Wenn das Fruchtgelee zu stocken beginnt, die Schlagsahne mit dem Eischnee unterheben und die Masse in den Kühlschrank stellen. • Das Dessert mit den zurückbehaltenen Beeren verzieren.

## Feigen in Portweinsahne

im Bild rechts

| |
|---|
| 500 g frische Feigen |
| 2 Eßl. Honig |
| 3 Eßl. Zitronensaft |
| ⅛ l Portwein |
| 0,2 l Sahne |
| 1 Banane |

**Gelingt leicht**
**Etwas teurer**

Pro Person etwa 1500 kJ/
360 kcal · 4 g Eiweiß
16 g Fett · 42 g Kohlenhydrate

Zubereitungszeit: 30 Minuten
Zeit zum Kühlen: 30 Minuten

Die Feigen waschen, abtrocknen und die Stielansätze abschneiden. • Die Schale mit dem Messer am angeschnittenen Ende fassen und stückweise abziehen. Die Feigen dann in Scheiben schneiden und auf einer Platte anrichten. • Den Honig mit dem Zitronensaft unter Rühren bei schwacher Hitze so lange erhitzen, bis sich Honig und Saft gut miteinander verbunden haben. • Die Mischung mit dem Portwein über die Feigen gießen und diese zugedeckt 30 Minuten in den Kühlschrank stellen. • Die Sahne halbsteif schlagen. • Die Banane schälen, einige Scheibchen davon beiseite legen, den Rest in kleine Würfel schneiden und mit der Sahne im Mixer pürieren. • Die Sahne über die Feigen gießen, alles mit zwei Gabeln behutsam unterheben. Das Dessert mit den Bananenscheiben garnieren.

Unser Tip: Dieses Dessert ist allerdings nicht für Kinder zu empfehlen. Gehören Kinder zur Tafelrunde, sollte man für sie die Feigen statt in Portwein in frisch gepreßtem Orangensaft marinieren. Die Sahne mit den Bananenwürfeln und zusätzlich 2 Eßlöffeln Haselnußmus aus dem Reformhaus pürieren.

# Beliebte Fruchtdesserts

Süße eiweißreiche Mahlzeiten mit vielen Vitaminen

## Früchtebecher mit Frischkäse

im Bild links

- 0,2 l Sahne
- 2 Eiweiße
- 1 Prise Salz
- 250 g Mascarpone, ersatzweise Doppelrahm-Frischkäse
- 3 Eßl. Milch
- 4 Eßl. Zucker
- 1 Eßl. Vanillezucker
- 250 g Heidelbeeren
- 3 weiche Kiwis
- 250 g vollreife Aprikosen
- je 1 Eßl. Aprikosenkonfitüre und Aprikosenlikör
- 2 Eßl. geröstete Mandelblättchen

**Schnell • Gelingt leicht**

Pro Person etwa 2500 kJ/ 600 kcal · 17 g Eiweiß 39 g Fett · 42 g Kohlenhydrate

Zubereitungszeit: 30 Minuten

Die Sahne steif schlagen. Die Eiweiße mit dem Salz zu steifem Schnee schlagen. • Den Mascarpone mit der Milch, 3 Eßlöffeln Zucker und dem Vanillezucker mischen. • Die Schlagsahne und den Eischnee unter die Käsemasse heben. • Die Heidelbeeren mehrmals in stehendem Wasser waschen und abtropfen lassen. Die Beeren mit dem restlichen Zucker pürieren. • Die Kiwis schälen, kleinschneiden und mit einer Gabel zerdrücken. • Die Aprikosen waschen, abtrocknen, halbieren, entsteinen und ebenfalls pürieren. • Die Konfitüre und den Likör mit dem Aprikosenpüree mischen. • Die Käsecreme in drei Teile teilen, jeden Teil mit einem der Fruchtpürees mischen und diese schichtweise in Dessertgläser füllen. • Die Mandelblättchen über das Dessert streuen.

## Gratinierter Obstsalat

im Bild rechts

- je 200 g helle und dunkle Weintrauben
- 2 Äpfel (Boskop)
- 2 Birnen
- 2 Bananen
- 2 Teel. Zitronensaft
- 150 g Zucker
- 100 g Mandeln
- 2 Eiweiße
- 1 Teel. Zimtpulver

**Gelingt leicht**

Pro Person etwa 2500 kJ/ 600 kcal · 13 g Eiweiß 15 g Fett · 100 g Kohlenhydrate

Zubereitungszeit: 30 Minuten
Zeit zum Gratinieren: etwa 10 Minuten

Das Obst waschen, abtropfen lassen oder abtrocknen. • Die Weintrauben halbieren und die Kerne entfernen. • Die Äpfel und die Birnen schälen, vierteln, vom Kerngehäuse befreien und in kleine Stücke schneiden. • Die Bananen schälen, in Scheiben schneiden und mit 1 Teelöffel Zitronensaft beträufeln. • Das Obst in einer feuerfesten Form mit 2 Eßlöffeln Zucker mischen und zudecken. • Den Backofen auf 250° vorheizen. • Die Mandeln mit kochendheißem Wasser überbrühen, abgießen und die braune Haut abziehen. Die Mandeln mahlen. • Die Eiweiße zu steifem Schnee schlagen, dabei langsam den übrigen Zucker einrieseln lassen. • Den Zimt, die Mandeln und den restlichen Zitronensaft unter das Baiser ziehen, dieses über das Obst streichen und mit einem Löffel kleine Spitzen von der Baisermasse hochziehen. • Den Obstsalat im Backofen auf der obersten Schiene goldgelb gratinieren.

# Herbstliche Desserts

Nützen Sie die neue Nußernte und die Quittenzeit

## Gefüllte Orangenhälften

im Bild links

| |
|---|
| 4 ungespritzte Orangen |
| 50 g Walnußkerne |
| 1 Banane |
| 100 g honiggesüßte Schokolade (Reformhaus) |
| ¼ l Sahne |
| 1 Eßl. Kakaopulver |
| 1 Eßl. Orangenblütenhonig |

**Vollwertrezept**

Pro Person etwa 2200 kJ/ 520 kcal · 7 g Eiweiß 36 g Fett · 46 g Kohlenhydrate

Zubereitungszeit: 50 Minuten

Die Orangen warm waschen, abtrocknen und quer halbieren. Das Fruchtfleisch mit einem scharfkantigen Teelöffel herauslösen und in einem Sieb abtropfen lassen. • Die Kerne aus dem Fruchtfleisch entfernen. • Die verbliebenen Häutchen aus den Orangenhälften herauslösen und von jeder Orangenhälfte am runden Ende eine dünne Scheibe Schale abschneiden, damit die Hälften gut stehen. • Je 2 Hälften auf einen Dessertteller legen. • Die Walnüsse grobhacken und in einer trockenen Pfanne unter Umwenden rösten, bis sie dunkler werden und angenehm duften. • Die Banane schälen, längs halbieren und in Scheiben schneiden. • Die Schokolade in Stücke brechen, mit 0,1 l Sahne im heißen Wasserbad bei schwacher Hitze schmelzen lassen und mit dem Kakaopulver verrühren. • Die Hälfte davon im Wasserbad beiseite stellen. • Die restliche Schokolade mit den Bananenscheiben, den Nüssen, dem Honig und dem Orangenfruchtfleisch mischen. • Die übrige Sahne steif schlagen, unter die Orangenmasse ziehen, diese in die Schalen verteilen und die zurückbehaltene Schokolade über die Orangenhälften geben.

## Quittenschaum

im Bild rechts

| |
|---|
| 2 Blätter Gelatine |
| ⅛ l Wasser |
| je 300 g Quitten und Äpfel |
| ½ Vanilleschote |
| 1 Stück Zimtstange |
| ¼ Teel. Koriandersamen |
| ⅜ l Wasser |
| 70 g Orangenblütenhonig |
| 0,2 l Sahne |
| 2 Eßl. Orangenlikör |
| 40 g Walnußkerne |

**Vollwertrezept**
**Braucht etwas Zeit**

Pro Person etwa 1600 kJ/ 380 kcal · 4 g Eiweiß 23 g Fett · 38 g Kohlenhydrate

Zubereitungszeit: 50 Minuten
Zeit zum Kühlen: 1 Stunde

Die Gelatine in dem kalten Wasser einweichen. • Die Quitten und die Äpfel gründlich lauwarm waschen und mit der Schale grob kleinschneiden. • Das Stück Vanilleschote längs aufschneiden, das Mark herausschaben und dieses mit den Schotenstücken, den Obstwürfeln, der Zimtstange, dem Koriander und dem Wasser zugedeckt bei mittlerer Hitze gut 20 Minuten kochen lassen. • Die Schotenstücke und die Zimtstange entfernen. • Die Früchte durch ein Haarsieb passieren. • Die Gelatine ausdrücken und im heißen Fruchtpüree auflösen. Das Püree mit dem Honig vermengen und abkühlen lassen. • Die Sahne steif schlagen und mit dem Orangenlikör mischen. • Die Walnußkerne hacken. • Zwei Drittel der Schlagsahne unter das Fruchtpüree rühren, dieses in vier Dessertgläser oder in eine Servierschüssel füllen und in den Kühlschrank stellen. • Das Dessert vor dem Servieren mit der restlichen Schlagsahne verzieren und mit den gehackten Nüssen bestreuen.

# Mascarponecreme mit Himbeeren

Ein Dessert, das in Italien erfunden wurde

500 g Himbeeren
4 Eßl. Puderzucker
3 Eßl. Grappa oder Himbeergeist
2 Eier
250 g Mascarpone ( italienischer Frischkäse)
0,1 l Sahne
2 Löffelbiskuits

**Gelingt leicht**
**Etwas teurer**

Pro Person etwa 1800 kJ/
430 kcal · 11 g Eiweiß
29 g Fett · 26 g Kohlenhydrate

Zubereitungszeit: 30 Minuten
Zeit zum Kühlen: 2 Stunden

Die Himbeeren mehrmals in stehendem Wasser waschen und alle Schmutzteilchen von der Oberfläche abnehmen. • Die Himbeeren dann abtropfen lassen und mit 2 Eßlöffeln gesiebtem Puderzucker und dem Grappa behutsam in einer Schüssel mischen. • Die Eier in Eigelbe und Eiweiße trennen. Die Eigelbe mit dem restlichen Puderzucker schaumig rühren. • Nach und nach den Mascarpone zu den Eigelben geben und weiterrühren, bis eine sämige Creme entstanden ist. • Die Eiweiße zu steifem Schnee schlagen. Die Sahne ebenfalls steif schlagen und mit dem Eischnee unter die Mascarponecreme heben. • Die Creme abwechselnd mit den Himbeeren in vier Dessertgläser füllen, mit Creme abschließen. Die Speise in den Kühlschrank stellen. • Die Löffelbiskuits zwischen Frischhaltefolie mit dem Nudelholz zerdrücken und die Brösel vor dem Servieren über die Creme streuen.

# Zarte Vanillecreme mit Kirschen

Wer sie weniger süß möchte, nimmt Sauerkirschen

¼ l Milch
½ Päckchen Vanille-Puddingpulver
1 Eßl. Zucker
5 Eßl. Milch
400 g schwarze Kirschen
0,2 l Sahne
1 Eßl. Vanillezucker
2 Eßl. Kirschwasser

**Preiswert • Gelingt leicht**

Pro Person etwa 1400 kJ/
330 kcal · 5 g Eiweiß
19 g Fett · 33 g Kohlenhydrate

Zubereitungszeit: 40 Minuten
Zeit zum Kühlen: 30 Minuten

Die Milch zum Kochen bringen. Das Puddingpulver mit dem Zucker und den 5 Eßlöffeln Milch anrühren. • Die heiße Milch vom Herd nehmen und das Puddingpulver hineinrühren. • Die Milch noch einmal aufkochen lassen. • Den Pudding in ein kaltes Wasserbad mit Eiswürfeln stellen und oft umrühren, damit sich keine Haut bildet und der Pudding rasch abkühlt. • Die Kirschen waschen, trockentupfen und entsteinen. • Die Sahne mit dem Vanillezucker steif schlagen. Ein Drittel der Schlagsahne in einen Spritzbeutel mit Sterntülle füllen und in den Kühlschrank legen. • Die restliche Schlagsahne mit dem Kirschwasser unter den Pudding heben und ebenfalls in den Kühlschrank stellen. • Die Hälfte des Puddings in eine Servierschüssel oder in vier Dessertgläser füllen, darauf die Kirschen verteilen und mit Pudding abschließen. • Das Dessert mit Sahnerosetten verzieren.

Unser Tip: Wenn Kinder zur Tafelrunde gehören, das Kirschwasser besser weglassen. Die Sahnerosetten nach Belieben mit gehackten Sonnenblumenkernen bestreuen.

# Gefüllte Ananas mit Joghurtsauce

Ein ganz besonderes Sonntagsdessert

- 1 mittelgroße reife Ananas
- 2 Bananen
- 3 Kiwis
- 1 reife Papaya
- 2 Eßl. Vanillezucker
- Saft von 1 Zitrone
- ⅛ l Sahne
- 500 g Joghurt
- 1 Eßl. Zucker
- ½ Teel. gemahlener Ingwer
- 1 Teel. feingehackte Zitronenmelisse

**Etwas teurer**
**Braucht etwas Zeit**

Pro Person etwa 2500 kJ/ 600 kcal · 10 g Eiweiß
16 g Fett · 100 g Kohlenhydrate

Zubereitungszeit: 40 Minuten
Zeit zum Kühlen: 1 Stunde

Die Ananas lauwarm waschen und abtrocknen. Von der Ananas längs einen Deckel von etwa 3 cm Höhe abschneiden. Das entgegengesetzte Ende der Ananas begradigen, damit die gefüllte Frucht gut steht. • Das Fruchtfleisch der Ananas aus dem Deckel und dem unteren Teil auslösen, in Würfel schneiden und dabei die holzigen Teile (den Strunk in der Mitte) entfernen. • Die Bananen schälen und in Scheiben schneiden. • Die Kiwis und die Papaya schälen. Die Papaya halbieren, die schwarzen Kerne herauslösen und alle Früchte würfeln. • Das Obst mit dem Vanillezucker und dem Zitronensaft mischen, in die Ananas füllen, mit Folie umhüllen und im Kühlschrank durchziehen lassen. • Die Sahne steif schlagen. • Den Joghurt mit dem Zucker, dem Ingwer und der Zitronenmelisse verrühren, die Schlagsahne unterziehen und die Joghurtsauce in einer Schale anrichten. • Den Deckel der Ananas auf den Obstsalat setzen und die Sauce gesondert dazu reichen.

# Zarte Schneeklößchen auf feiner Creme

Als »Œufs à la neige« in Frankreich beliebt, in Varianten überall begehrt

## Schneeklößchen auf Schokoladencreme

im Bild links

4 Eier
3 Eßl. Zucker
¾ l Milch
150 g Mokkaschokolade
1 Teel. Instant-Kaffeepulver
2 Eßl. Kakaopulver

**Etwas schwierig**
**Preiswert**

Pro Person etwa 2100 kJ/
500 kcal · 21 g Eiweiß
30 g Fett · 38 g Kohlenhydrate

Zubereitungszeit: 40 Minuten

Die Eier in Eigelbe und Eiweiße trennen. Die Eiweiße mit 1 Eßlöffel Zucker zu steifem Schnee schlagen. • Die Milch in einem flachen Topf erhitzen. • Vom Eischnee mit zwei Teelöffeln Klößchen abstechen und bei sehr schwacher Hitze 1 Minute in der heißen Milch ziehen lassen, nach der halben Garzeit wenden. Die Klößchen mit dem Schaumlöffel aus der Milch heben und beiseite stellen. • Die Eigelbe mit dem restlichen Zucker im heißen Wasserbad schaumig rühren. • Die Schokolade in Stücke brechen und unter die Eigelbmasse ziehen. • Das Kaffeepulver und den Kakao mit einigen Eßlöffeln Milch glattrühren und unter die Schokoladencreme mengen. • Die heiße Milch in dünnem Strahl langsam in die Creme rühren und diese noch einige Minuten im heißen Wasserbad mit dem Schneebesen schlagen. • Die Schokoladencreme in vier flache Dessertschalen füllen, die Klößchen daraufsetzen und mit etwas Kakaopulver besieben.

## Œufs à la neige

im Bild rechts

1 Vanilleschote · ½ l Milch
4 Eier · 1 Prise Salz
120 g Zucker
3 Eßl. Zucker

**Etwas schwierig**
**Preiswert**

Pro Person etwa 1800 kJ/
430 kcal · 17 g Eiweiß
16 g Fett · 52 g Kohlenhydrate

Zubereitungszeit: 40 Minuten
Zeit zum Kühlen: 1 bis 2 Stunden

Die Vanilleschote längs aufschneiden, das Mark herausschaben und die Schotenhälften mit dem Vanillemark in die Milch geben. • Die Eier in Eigelbe und Eiweiße trennen. • Die Eiweiße mit dem Salz zu steifem Schnee schlagen. 50 g vom Zucker in den Eischnee rieseln lassen und diesen kräftig unterrühren. • Die Eigelbe mit dem restlichen Zucker schaumig rühren. • Die Milch mit der Vanilleschote in einem flachen Topf unter Umrühren bis kurz vor den Siedepunkt erhitzen. • Vom Eischnee jeweils mit zwei Eßlöffeln 5 Klößchen abstechen, in die schwach siedende Milch legen und von jeder Seite etwa 1 Minute ziehen lassen. Die Klößchen auf einer Platte abtropfen lassen. Den gesamten Eischnee so verarbeiten. • Die Vanillemilch durch ein Haarsieb zu der Eigelbmasse geben, diese unter Rühren bis kurz vor den Siedepunkt erwärmen, vom Herd nehmen, abkühlen lassen, in eine Schüssel mit Eiswürfeln setzen und kaltrühren. • Die Creme in eine Glasschale füllen. • Eiercreme und Schneeklößchen getrennt im Kühlschrank erkalten lassen. • Die 3 Eßlöffel Zucker mit 1 Eßlöffel Wasser bei schwacher Hitze karamelisieren lassen. • Die Schneeklößchen auf die Eiercreme setzen, mit dem Karamel beträufeln.

# Nachspeisen mit Quark und Früchten

Beide Speisen können auch mit körnigem Frischkäse zubereitet werden

## Grießflammeri mit Heidelbeeren

im Bild links

- ½ l Milch
- 7 Eßl. Zucker
- 65 g Grieß
- 1 Ei
- 125 g Speisequark
- 2 Eßl. Zitronensaft
- 1 Teel. abgeriebene ungespritzte Zitronenschale
- 1 Prise Salz
- 250 g Heidelbeeren

**Gelingt leicht • Preiswert**

Pro Person etwa 1400 kJ/ 330 kcal · 13 g Eiweiß 11 g Fett · 45 g Kohlenhydrate

Zubereitungszeit: 30 Minuten
Zeit zum Kühlen: 2 Stunden

Die Milch mit 5 Eßlöffeln Zukker zum Kochen bringen. Den Grieß unter Rühren einrieseln, einmal aufkochen und dann bei äußerst schwacher Hitze 5 Minuten quellen lassen. • Das Ei in Eigelb und Eiweiß trennen. • Den Quark mit dem Eigelb, 1 Eßlöffel Zitronensaft und der Zitronenschale verrühren und unter den noch heißen Grießbrei mischen. • Das Eiweiß mit dem Salz zu steifem Schnee schlagen und unter den etwas abgekühlten Flammeri heben. • Vier Portionsschalen kalt ausspülen, den Flammeri in die Schalen füllen und im Kühlschrank fest werden lassen. • Die Heidelbeeren in stehendem Wasser waschen. Die abgetropften Beeren mit dem restlichen Zitronensaft und Zucker mischen und zugedeckt in den Kühlschrank stellen. • Den Flammeri auf Teller stürzen und jede Portion mit den Heidelbeeren umranden.

## Früchtequark

im Bild rechts

- 4 Eßl. Zitronensaft
- 4 Eßl. flüssiger Honig
- 1 Apfel
- 1 Orange
- 1 Banane
- 400 g Speisequark
- 5 Eßl. Milch
- 4 Teel. Vanillezucker
- 1 Eßl. Haselnußkerne
- 1 Eßl. Sonnenblumenkerne

**Schnell • Preiswert**

Pro Person etwa 1300 kJ/ 310 kcal · 10 g Eiweiß 11 g Fett · 39 g Kohlenhydrate

Zubereitungszeit: 30 Minuten

In einer Schüssel 2 Eßlöffel Zitronensaft mit 2 Eßlöffeln Honig verrühren. • Den Apfel, die Orange und die Banane schälen. • Den Apfel vierteln und das Kerngehäuse entfernen. Die Apfelviertel würfeln. • Die Orange in Spalten teilen, die Spalten vierteln, dabei die Kerne entfernen, den austretenden Saft auffangen. • Die Banane längs halbieren und in Scheibchen schneiden. • Das Obst mit der Zitronen-Honig-Mischung vermengen. • Den Quark mit der Milch, dem Vanillezucker, dem Orangensaft, dem übrigen Zitronensaft und dem Honig cremig rühren und drei Viertel vom Obst unterheben. • Den Früchtequark in vier Schalen verteilen und das restliche Obst darübergeben. • Die Haselnüsse in Scheibchen schneiden und mit den Sonnenblumenkernen in einer trockenen Pfanne unter Rühren hellgelb rösten. Die Mischung etwas abkühlen lassen und über die Früchte streuen.

# Heidelbeersahne

Mit einem elektrischen Rührgerät im Nu servierbereit

| | |
|---|---|
| 400 g Heidelbeeren | |
| 4 Eßl. Zucker | |
| 1 Teel. Zitronensaft | |
| ¼ l Sahne | |
| 2 Päckchen Sahnefestiger | |
| 3 Teel. Vanillezucker | |

**Gelingt leicht • Schnell**

Pro Person etwa 1300 kJ/ 310 kcal • 6 g Eiweiß 20 g Fett • 31 g Kohlenhydrate

Zubereitungszeit: 20 Minuten

Die Heidelbeeren mehrmals in stehendem Wasser waschen und alle Schmutzteilchen von der Oberfläche entfernen. Schlechte Beeren wegwerfen. • Die Beeren dann in einem Sieb abtropfen lassen. • Zwei Drittel der Beeren mit 2 Eßlöffeln Zucker vermischen. Die restlichen Heidelbeeren durch ein Haarsieb streichen. • Das Beerenpüree mit dem Zitronensaft und der gekühlten Sahne in einer ebenfalls gekühlten Schüssel mischen und mit dem elektrischen Rührgerät in 30 Sekunden bei niedriger Schaltstufe schaumig schlagen. • Den Sahnefestiger mit dem restlichen Zukker und dem Vanillezucker vermengen und unter weiterem Schlagen in die Sahne rieseln lassen. • Die Sahne dann bei höchster Schaltstufe bis zur gewünschten Festigkeit schlagen. • Von den gezuckerten Heidelbeeren etwa 1 Eßlöffel zurückbehalten. Die übrigen Beeren in vier Dessertteller verteilen. • Die Heidelbeersahne in einen Spritzbeutel mit Sterntülle füllen und Rosetten auf die Beeren spritzen. Jede Portion mit den übrigen Beeren garnieren.

Unser Tip: Wer das Dessert kurz vor dem Servieren zubereitet, kann auf den Sahnefestiger auch verzichten.

# Verschleiertes Mädchen

Ein skandinavisches National-Dessert

| | |
|---|---|
| 500 g Äpfel | |
| ⅛ l Wasser | |
| 6 Eßl. Zucker | |
| 1 Eßl. Zitronensaft | |
| 2 Eßl. Butter | |
| 8 Eßl. Vollkorn-Haferflocken | |
| 1 Messerspitze Zimtpulver | |
| ¼ l Sahne | |
| 4 Teel. rotes Johannisbeergelee | |

**Gelingt leicht • Preiswert**

Pro Person etwa 1900 kJ/ 450 kcal · 7 g Eiweiß 26 g Fett · 47 g Kohlenhydrate

Zubereitungszeit: 40 Minuten
Zeit zum Kühlen: 1 Stunde

Die Äpfel waschen, abtrocknen, vierteln, vom Kerngehäuse befreien und mit dem Wasser zugedeckt bei schwacher Hitze so lange dünsten, bis sie weich sind. • Die Äpfel dann durch ein Haarsieb passieren, das Püree mit 4 Eßlöffeln Zucker und dem Zitronensaft verrühren und zugedeckt kalt werden lassen. • Die Butter in einer Pfanne zerlassen. Den restlichen Zucker und die Haferflocken in der Butter unter ständigem Rühren krokantartig karamelisieren lassen. Den Zimt untermischen, die Masse auf eine Platte schütten und kalt werden lassen. • Die Sahne steif schlagen. • Eine Schüssel oder vier Dessertgläser schichtweise mit dem Apfelmus, der Sahne und den Haferflocken füllen. Die oberste Schicht sollen Haferflocken sein. • Das Dessert mit Sahnetupfen und mit dem verrührten Gelee garnieren.

Unser Tip: Statt der Haferflocken kann man auch altbackenes, geriebenes Roggenbrot mit Butter und Zucker karamelisieren.

# Schokoladenflammeri

Ohne Puddingpulver von Grund auf selbst zubereitet ein besonderer Genuß

- 50 g Reismehl, möglichst frisch gemahlen
- 1 gehäufter Eßl. Kakaopulver
- je 1 Messerspitze Zimtpulver und gemahlene Vanille
- 1 Teel. abgeriebene ungespritzte Orangenschale
- ⅜ l Milch
- 1 große Banane
- 50 g abgezogene Mandeln
- 80 g Honig
- 2 Eier

**Vollwertrezept • Preiswert**

Pro Person etwa 1500 kJ/
360 kcal · 13 g Eiweiß
15 g Fett · 44 g Kohlenhydrate

Zubereitungszeit: 20 Minuten
Zeit zum Kühlen: 1 Stunde

Das Reismehl mit dem Kakao, dem Zimt, der Vanille und der Orangenschale mischen und mit 0,1 l Milch glattrühren. • Die Bananen schälen, längs halbieren und in Scheiben schneiden. • Die Mandeln mahlen und zusammen mit dem Honig in einem kleinen Topf erhitzen. • Die restliche Milch unter Rühren untermischen und alles zum Kochen bringen. • Das angerührte Reismehl in die heiße Milch gießen und unter ständigem Rühren bei schwacher Hitze weitere 5 Minuten kochen lassen. • Die Bananenscheiben unter den Flammeri mischen und den Topf vom Herd nehmen. • Die Eier in Eiweiße und Eigelbe trennen. Die Eigelbe zunächst mit 2 Eßlöffeln des heißen Flammeris verquirlen, dann diese Mischung unter den Flammeri rühren. • Die Eiweiße zu steifem Schnee schlagen und unter den Flammeri heben. • Den Flammeri in eine kalt ausgespülte Schüssel füllen und im Kühlschrank fest werden lassen.

Unser Tip: Nach Belieben den Flammeri mit Sahnetupfen oder Mandelsplitter garnieren.

# Kirsch-Sahne-Grütze

Es lohnt sich, die Erntezeit von schwarzen Kirschen zu nützen

| Zutaten für 6 Personen: |
|---|
| 1 kg schwarze Kirschen |
| 100 g Zucker |
| ½ l Rotwein |
| ½ Stange Zimt |
| 1 ungespritzte Zitrone |
| 2 Eßl. Speisestärke |
| 250 g Mascarpone (italienischer Frischkäse) |
| 0,2 l saure Sahne |
| 1 Eßl. Vanillezucker |

**Gelingt leicht**

Pro Person etwa 1900 kJ/
450 kcal · 18 g Eiweiß
17 g Fett · 50 g Kohlenhydrate

Zubereitungszeit: 40 Minuten
Zeit zum Kühlen: 1 Stunde

Die Kirschen waschen, trokkentupfen, entsteinen und mit dem Zucker, dem Rotwein und der Zimtstange in einen Topf geben. • Die Zitrone warm waschen, abtrocknen, die Schale abreiben und zu den Kirschen geben. • Die Kirschen bei schwacher Hitze zugedeckt 5 Minuten kochen lassen. • Die Zitrone auspressen, die Speisestärke mit dem Zitronensaft anrühren, unter das Kirschkompott mischen und einmal aufkochen lassen. • Die Grütze in eine kalt ausgespülte Glasschale füllen. Die Zimtstange entfernen. Die Grütze abkühlen lassen. • Den Mascarpone mit der sauren Sahne und dem Vanillezucker cremig rühren, über die noch nicht erstarrte Grütze füllen und mit einer Gabel leicht unterziehen. • Die Kirsch-Sahne-Grütze bis zum Servieren in den Kühlschrank stellen.

Unser Tip: Weniger gehaltvoll, aber nicht mehr ganz so verführerisch wird das Dessert, wenn Sie auf Mascarpone und saure Sahne verzichten und dafür 200 g Joghurt unter die Grütze mischen.

# Desserts mit berühmten Namen

Sie verdienen es, nicht in Vergessenheit zu geraten

## Welfenspeise

im Bild links

| |
|---|
| Für den Flammeri: |
| 4 Eßl. Speisestärke |
| ½ l Milch |
| 1 Vanilleschote |
| 4 Eßl. Zucker |
| 3 Eiweiße |
| 1 Prise Salz |
| Für die Sauce: |
| 3 Eigelbe |
| 5 Eßl. Zucker |
| 1 Eßl. Speisestärke |
| ¼ l Weißwein |
| 1 Eßl. Zitronensaft |

**Braucht etwas Zeit**

Pro Person etwa 1600 kJ/ 380 kcal · 14 g Eiweiß 13 g Fett · 44 g Kohlenhydrate

Zubereitungszeit: 1 Stunde
Zeit zum Kühlen: 2 Stunden

Die Speisestärke mit 6 Eßlöffeln Milch anrühren. • Die Vanilleschote längs aufschneiden und das Mark herausschaben. • Die Schote, das Vanillemark und den Zucker mit der restlichen Milch unter Rühren zum Kochen bringen. • Die angerührte Speisestärke unter weiterem Rühren in die Milch schütten, einmal aufkochen lassen, vom Herd nehmen und die Schotenhälften entfernen. • Die Eiweiße mit dem Salz zu steifem Schnee schlagen und unter den Flammeri heben. • Den Flammeri in vier Portionsgläser füllen und kühl stellen. • Für die Sauce die Eigelbe mit dem Zucker, der Speisestärke, dem Weißwein und dem Zitronensaft verquirlen und bei schwacher Hitze so lange schaumig schlagen, bis die Flüssigkeit hochsteigt. • Die Sauce vom Herd nehmen, etwa 2 Minuten weiterschlagen, damit sie rasch abkühlt. • Die Sauce über den Flammeri füllen und im Kühlschrank durchkühlen lassen.

## Diplomatencreme

im Bild rechts

| |
|---|
| Zutaten für 8 Personen: |
| 4 Blätter Gelatine · ⅛ l Wasser |
| 100 g Sultaninen · 3 Eßl. Rum |
| je 50 g Zitronat und Orangeat |
| 50 g Walnußkerne |
| 100 g Borkenschokolade |
| 1 Vanilleschote |
| ¼ l Milch · 4 Eier |
| 3 Eßl. Zucker · 0,2 l Sahne |
| 100 g Löffelbiskuits |
| 1 Mokkatasse kalter Espresso |
| 4 cl Amaretto (2 Schnapsgläser, italienischer Mandellikör) |

**Spezialität**

Pro Person etwa 1700 kJ/ 405 kcal · 11 g Eiweiß 32 g Fett · 35 g Kohlenhydrate

Zubereitungszeit: 1 Stunde
Zeit zum Kühlen: 1 Stunde

Die Gelatine in dem kalten Wasser einweichen. • Die Sultaninen in dem Rum quellen lassen. • Das Zitronat, das Orangeat und die Nüsse hacken und mit der Hälfte der zerkrümelten Schokolade mischen. • Die Vanilleschote längs aufschneiden, das Mark herausschaben und mit der Schote in der Milch erhitzen. • Die Eier in Eigelbe und Eiweiße trennen. • Die Eigelbe mit dem Zucker im Wasserbad schaumig rühren. • Die Schote aus der Milch nehmen und diese in dünnem Strahl unterziehen. Die Creme weitere 4 Minuten im heißen Wasserbad rühren. • Die Sahne und die Eiweiße steif schlagen. • Die Gelatine ausdrücken und mit der Eigelbcreme, der Schlagsahne und dem Eischnee mischen. • Die Hälfte der Creme in eine Glasschale füllen. Die Biskuits darauf verteilen, mit dem Espresso und dem Amaretto beträufeln. Die Sultaninen und die Sukkademischung darüberstreuen. Die restliche Creme einfüllen, mit der übrigen Schokolade bestreuen.

# Desserts heiß serviert

Süße Klassiker und Neuschöpfungen
aus Ofen und Pfanne, gekocht, fritiert, flambiert…
mit Obst und raffinierten Saucen
verführerisch angerichtet

# Clafoutis

Ein Kirschauflauf aus der Gegend von Limoges

| | |
|---|---|
| 75 g Mehl | |
| 3 Eier | |
| 0,2 l Milch | |
| 2 Eßl. Butter | |
| 500 g schwarze Kirschen | |
| 1 Prise Salz | |
| 4 Eßl. Zucker | |
| Für die Form: Butter | |

**Spezialität aus Frankreich**
**Berühmtes Rezept**

Pro Person etwa 2000 kJ/ 480 kcal · 15 g Eiweiß 22 g Fett · 54 g Kohlenhydrate

Vorbereitungszeit: 1 Stunde
Backzeit: 45 Minuten

Das Mehl in eine Schüssel schütten. • 1 Ei in Eigelb und Eiweiß trennen. • Das Eigelb mit den übrigen Eiern zum Mehl geben, alles zu einem glatten Teig verrühren und nach und nach die Milch hinzufügen. • Die Butter zerlassen und tropfenweise unter den Teig rühren. • Den Teig zugedeckt bei Raumtemperatur 30 Minuten ruhen lassen. • Die Kirschen waschen und trockentupfen. • Eine flache feuerfeste Form mit der Butter ausstreichen. Den Backofen auf 190° vorheizen. • Das Eiweiß mit dem Salz steif schlagen und unter den Teig heben. • Den Teig in die Form füllen, die Kirschen auf dem Teig verteilen und etwas einsinken lassen. • Den Clafoutis auf der mittleren Schiene im Backofen 20 Minuten backen. • Den Auflauf dann mit dem Zucker bestreuen und in weiteren 20 Minuten garen. • Den Auflauf danach noch 5 Minuten im abgeschalteten Backofen ruhen lassen.

# Gebratene Nachspeisen

Mit einer Gemüsesuppe eine vollwertige Mahlzeit

## Rübli-Pfannkuchen

im Bild links

Für die Pfannkuchen:
50 g Haselnußkerne
200 g Möhren
50 g Weizen-Vollkornmehl
3 Eier
50 g Honig
⅛ l Milch
Saft und abgeriebene Schale von ½ ungespritzten Zitrone
Zum Braten: 2 Eßl. Butter
Für die Sauce:
100 g Magerquark
0,1 l Sahne
1 Eßl. Orangenblütenhonig
1 Prise Nelkenpulver
1 Teel. abgeriebene ungespritzte Orangenschale
2 Orangen

**Vollwertrezept • Preiswert**

Pro Person etwa 2100 kJ/500 kcal · 19 g Eiweiß
30 g Fett · 39 g Kohlenhydrate

Zubereitungszeit: 1¼ Stunden

Die Nüsse in einer trockenen Pfanne rösten, abkühlen lassen, die braunen Schalen abreiben und die Nüsse feinhacken. • Die Möhren waschen, schälen, raspeln, mit dem Mehl, den Nüssen, den Eiern, dem Honig und der Milch verquirlen. • Den Teig 10 Minuten ruhen lassen, dann mit dem Zitronensaft und der Zitronenschale mischen. • Den Backofen auf 50° vorheizen. • Die Butter in einer kleinen Pfanne in Portionen zerlassen, aus dem Teig 8 Pfannkuchen von jeder Seite 3 Minuten braten und im Backofen warm halten. • Den Quark mit der Sahne, dem Honig, dem Nelkenpulver und der Orangenschale verrühren. • Die Orangen schälen und filetieren. • Die Sauce mit den Orangenfilets zu den Pfannkuchen reichen.

## Hirse-Schaumküchle

im Bild rechts

80 g Hirse
¼ l Wasser
80 g Sahne
3 Eßl. Honig
1 Eßl. Butter
1 Teel. abgeriebene ungespritzte Zitronenschale
1 Messerspitze gemahlene Vanille
3 Eier
100 g Himbeeren
4 Eßl. Ahornsirup
Zum Braten: 2 Eßl. Butter

**Vollwertrezept**

Pro Person etwa 1400 kJ/330 kcal · 13 g Eiweiß
19 g Fett · 32 g Kohlenhydrate

Vorbereitungszeit: 30 Minuten
Garzeit: 1 Stunde

Die Hirse in dem Wasser zugedeckt 20 Minuten sacht kochen, dann auf der ausgeschalteten Herdplatte weitere 10 Minuten ausquellen lassen. • Die Hirse abtropfen lassen, mit der Sahne mischen und weitere 10 Minuten ohne Hitzezufuhr quellen lassen. • 2 Eßlöffel Honig, die Butter, die Zitronenschale und die Vanille unter die Hirse rühren. • Die Eier in Eiweiße und Eigelbe trennen. • Die Eigelbe unter die Hirse mischen. Die Eiweiße mit dem restlichen Honig zu steifem Schnee schlagen und unter die Hirse heben. • Den Backofen auf 50° vorheizen. • Die Butter in einer Deckelpfanne zerlassen. Aus dem Hirseteig 4 Küchle formen, die Himbeeren darauf verteilen. Die Küchle zugedeckt bei schwacher Hitze in etwa 10 Minuten garen. • Die fertigen Küchle im Backofen warm stellen. • Die Küchle mit dem Ahornsirup beträufeln.

# Pudding als süße Mahlzeit

Hierfür benötigt man eine Puddingform mit fest schließendem Deckel

## Schokoladenpudding

im Bild links

| |
|---|
| Zutaten für 10 Personen: |
| 200 g Mandeln |
| 250 g zartbittere Schokolade |
| ½ Vanilleschote |
| 75 g weiche Butter |
| 200 g Zucker |
| 8 Eier |
| 3 Eßl. Semmelbrösel |
| 1 Teel. Zimtpulver |
| Für die Form: Butter |

**Etwas teurer**

Pro Person etwa 2400 kJ/
570 kcal · 17 g Eiweiß
36 g Fett · 46 g Kohlenhydrate

Vorbereitungszeit: 40 Minuten
Garzeit: 1½ Stunden

Die Mandeln mit kochendheißem Wasser überbrühen, abgießen und die braune Haut abziehen. • Die Mandeln dann mahlen. • Die Schokolade ebenfalls in der Mandelmühle mahlen. Die Vanilleschote längs aufschneiden und das Mark herausschaben. • Die Butter mit dem Zucker schaumig rühren. • Die Eier in Eigelbe und Eiweiße trennen. Die Eigelbe nach und nach unter die Butter-Zucker-Masse rühren. • Die Mandeln, die Schokolade, das Vanillemark, die Semmelbrösel und den Zimt unter die Eigelbcreme rühren. • Die Eiweiße steif schlagen und unterheben. • Die Form mit der Butter ausstreichen und mit der Schokoladenmasse füllen. • Die Form verschließen, in einen Topf mit kochendem Wasser stellen, das bis 5 cm unterhalb des Deckels reicht. • Den Pudding in leicht sprudelndem Wasser in 1½ Stunden garen. • Den Pudding etwas abgekühlt stürzen und noch heiß mit Vanillesauce servieren.

## Brotpudding

im Bild rechts

| |
|---|
| Zutaten für 6 Personen: |
| 8 altbackene Brötchen oder |
| 400 g Weißbrot |
| ¼ l Milch · 6 Eier |
| 100 g Zucker |
| 150 g weiche Butter |
| 1 ungespritzte Zitrone |
| 150 g Rosinen · 50 g Zitronat |
| 100 g gemahlene Mandeln |
| 1 Teel. Zimtpulver |
| 2 Eßl. Grieß |
| Für die Form: Butter |

**Preiswert**

Pro Person etwa 3100 kJ/
740 kcal · 17 g Eiweiß
44 g Fett · 78 g Kohlenhydrate

Vorbereitungszeit: 30 Minuten
Garzeit: 1½ Stunden

Die Brötchen oder das Brot in kleine Stücke schneiden und in der Milch einweichen. • Die Eier in Eigelbe und Eiweiße trennen. Die Eigelbe mit dem Zucker und der Butter schaumig rühren. • Das eingeweichte Brot ausdrücken und unter die Eigelbcreme mischen. • Die Zitrone warm waschen, abtrocknen und die Schale fein abreiben. • Die Rosinen heiß waschen und trockentupfen. • Das Zitronat kleinwürfeln. • Die Zitronenschale, die Rosinen, das Zitronat, die Mandeln, den Zimt und den Grieß mit der Brotmasse vermengen. • Die Eiweiße zu steifem Schnee schlagen und unter die Puddingmasse heben. • Die Form mit Butter ausstreichen, bis zu drei Viertel mit der Puddingmasse füllen und verschließen. • Die Form in einen Topf mit kochendem Wasser stellen, das bis 5 cm unterhalb des Deckels reicht. • Den Pudding in leicht sprudelndem Wasser in 1½ Stunden garen. • Den Pudding etwas abgekühlt stürzen und heiß mit Weinschaumsauce (Rezept Seite 88) servieren.

# Salzburger Nockerln

Ein Genuß, der auf der Zunge zergeht

| |
|---|
| 3 Eier |
| 2 Eiweiße |
| 1 Prise Salz |
| je 3 Eßl. Zucker und Mehl |
| abgeriebene Schale von |
| ½ ungespritzten Zitrone |
| 1 Eßl. Vanillezucker |
| 2 Eßl. Butter |
| 5 Eßl. Milch |

**Spezialität aus Österreich**
**Preiswert**

Pro Person etwa 1200 kJ/
290 kcal · 16 g Eiweiß
15 g Fett · 17 g Kohlenhydrate

Vorbereitungszeit: 15 Minuten
Backzeit: 5 Minuten

Den Backofen auf 220° vorheizen. • Die Eier in Eigelbe und Eiweiße trennen. Alle Eiweiße mit dem Salz zu steifem Schnee schlagen, dabei langsam den Zucker einrieseln lassen. • Die Eigelbe verquirlen, mit dem gesiebten Mehl, der Zitronenschale und dem Vanillezucker über den Eischnee geben und mit einem Rührlöffel locker unterheben. • Die Butter in einer flachen, ovalen Gratinform schmelzen lassen und die Milch hineingießen. • Mit einem Teigspatel von der Eischneemasse vier Nockerln nebeneinander in die Form setzen. Jedes Nockerl sollte nach oben eine kleine Spitze haben. • Die Form auf die mittlere Schiene in den Backofen geben und die Nockerln etwa 5 Minuten backen, bis die Spitzen leicht gebräunt sind. • Die Nockerln sofort nach dem Backen in der Form servieren, da sie leicht zusammenfallen.

# Apfel-Reis-Auflauf

Mit einer Salatvorspeise ein komplettes Essen

| Zutaten für 6 Personen: |
|---|
| ½ l Milch |
| 1 Prise Salz |
| 150 g Rundkornreis |
| 4 Eßl. Rosinen |
| 1 Teel. Rum |
| 3 Eier |
| 100 g weiche Butter |
| 100 g Zucker |
| 1 Teel. abgeriebene ungespritzte Zitronenschale |
| 2 Teel. Vanillezucker |
| 3 mittelgroße Äpfel |
| 1 Teel. Zitronensaft |
| 6 Teel. Himbeerkonfitüre |
| Für die Form: Butter |

**Gelingt leicht**

Pro Person etwa 2000 kJ/
470 kcal • 11 g Eiweiß
22 g Fett • 58 g Kohlenhydrate

Vorbereitungszeit: 1 Stunde
Backzeit: 45 Minuten

Die Milch mit dem Salz zum Kochen bringen. Den Reis in die Milch streuen, umrühren und bei schwacher Hitze 15 Minuten, dann ohne Hitzezufuhr in weiteren 15 Minuten ausquellen und anschließend im kalten Wasserbad abkühlen lassen. • Die Rosinen lauwarm waschen, trockentupfen und mit dem Rum beträufeln. • Die Eier in Eigelbe und Eiweiße trennen. Die Eigelbe mit der Butter, dem Zucker, der Zitronenschale und dem Vanillezucker schaumig rühren. • Den Reis und die Rosinen daruntermischen. • Die Eiweiße steif schlagen und unter den Milchreis heben. • Den Backofen auf 200° vorheizen. Eine Auflaufform mit Butter ausstreichen und den Reis einfüllen. • Die Äpfel waschen, halbieren, die Kerngehäuse herauslösen, die Äpfel mit dem Zitronensaft bestreichen und auf den Reisbrei setzen. • Den Auflauf im Backofen auf der mittleren Schiene 45 Minuten backen. • Vor dem Servieren die Konfitüre in die Äpfel füllen.

# Nachtisch aus der Pfanne

Der beliebte »Schmarrn« und eine ausgefallene Erfindung

## Wiener Kaiserschmarrn

im Bild links

Zutaten für 6 Personen:

- 4 Eier
- 250 g Mehl
- ¼ l Milch
- 1 Prise Salz
- 1 gehäufter Eßl. Zucker
- 1 Eßl. Vanillezucker
- 100 g Rosinen
- 100 g Butter
- 50 g Puderzucker

**Spezialität aus Österreich**

Pro Person etwa 2330 kJ/
500 kcal · 14 g Eiweiß
23 g Fett · 57 g Kohlenhydrate

Zubereitungszeit: 30 Minuten

Die Eier in Eigelbe und Eiweiße trennen. • Das Mehl mit den Eigelben und der Milch verrühren. • Die Eiweiße mit dem Salz, dem Zucker und dem Vanillezucker zu steifem Schnee schlagen und unter den Teig ziehen. • Die Rosinen heiß waschen und trockentupfen. • Die Hälfte der Butter in einer großen Pfanne zerlassen, den Teig hineingeben und mit den Rosinen bestreuen. • Wenn der Teig an der Unterseite goldbraun, an der Oberfläche aber noch flüssig ist, die Teigplatte wenden und die übrige Butter daruntergeben. • Wenn auch die Unterseite goldbraun ist, den Pfannkuchen mit zwei Gabeln in Stücke reißen. • Den Kaiserschmarrn bei schwacher Hitze in weiteren 5 Minuten unter Umwenden garen. • Den Schmarrn auf einer vorgewärmten Platte anrichten und dick mit dem Puderzucker besieben. • Dazu wird in Wien Pflaumenröster serviert, ein dickes Kompott von Pflaumen oder Zwetschgen, in wenig Weißwein mit Zimt gedünstet.

## Kirschomelettes

im Bild rechts

- ⅛ l Milch
- 2 Eier
- 1 Eßl. Vanillezucker
- 1 Prise Salz
- 75 g Zucker
- 125 g Mehl
- 300 g schwarze Kirschen
- 0,2 l Sahne
- ½ Vanilleschote
- 2 Eßl. Butterschmalz
- 4 Eßl. Maraschinolikör
- 2 Eßl. Puderzucker

**Etwas schwierig**

Pro Person etwa 2500 kJ/
600 kcal · 13 g Eiweiß
27 g Fett · 66 g Kohlenhydrate

Zubereitungszeit: 1¼ Stunden

Die Milch mit den Eiern, dem Vanillezucker, dem Salz und 50 g Zucker verquirlen. • Das Mehl darübersieben und kräftig unterrühren. Den Teig zugedeckt 30 Minuten ruhen lassen. • Die Kirschen waschen und entsteinen. • Die Sahne halbsteif schlagen. • Die Vanilleschote längs aufschneiden, das Mark herausschaben, mit dem restlichen Zukker mischen und unter die Sahne rühren. Die Sahne dann steif schlagen und kühl stellen. • Den Backofen auf 50° vorheizen. • Das Butterschmalz nach und nach in einer kleinen Pfanne zerlassen. • Die Kirschen mit dem Teig mischen und 8 Omelettes daraus braten. • Die fertigen Omelettes im Backofen warm halten. • Die Omelettes anrichten, mit dem Likör beträufeln und mit dem Puderzucker besieben. Die Vanillesahne und nach Belieben Pistazieneis dazu servieren.

Unser Tip: Außerhalb der Saison kann man auch einmal auf Kirschen aus der Tiefkühltruhe ausweichen.

# Köstliche Omelettes

Für Varianten nach eigener Fantasie gibt es zahllose Möglichkeiten

## Zitronenomelettes

im Bild links

| |
|---|
| 3 Eier |
| 1 Prise Salz |
| 75 g Zucker |
| 3 Eßl. Vanillezucker |
| je 75 g Mehl und Speisestärke |
| 1 ungespritzte Zitrone |
| ¼ l Sahne |
| 125 g Puderzucker |

**Gelingt leicht • Schnell**

Pro Person etwa 2900 kJ/
690 kcal · 15 g Eiweiß
29 g Fett · 90 g Kohlenhydrate

Zubereitungszeit: 40 Minuten

Den Backofen auf 180° vorheizen. • Die Eier in Eigelbe und Eiweiße trennen. Die Eiweiße mit dem Salz und 50 g Zucker zu steifem Schnee schlagen. • Die Eigelbe mit 1 Eßlöffel heißem Wasser, dem übrigen Zucker und dem Vanillezucker schaumig rühren. • Das Mehl mit der Speisestärke über die Eigelbcreme sieben und mit dem Eischnee unter die Creme ziehen. • Ein Backblech mit leicht gefettetem Pergamentpapier auslegen, den Teig daraufstreichen und den Biskuit in 12 bis 15 Minuten goldbraun backen. • Die Zitrone warm waschen, abtrocknen, hauchdünn schälen und die Schale in sehr feine Streifen (Julienne) schneiden. Den Zitronensaft auspressen. • Die Biskuitplatte auf ein mit Zucker bestreutes Küchentuch stürzen und das Papier abziehen. • Vier Kreise von 14 cm Durchmesser ausstechen, die Omelettes zusammenklappen und mit einem feuchten Tuch bedecken. • Die Sahne mit 100 g Puderzucker und dem Zitronensaft steif schlagen. Die Schalenstreifen untermischen. • Die Zitronensahne in einen Spritzbeutel mit Sterntülle füllen und in die Omelettes spritzen. Die Omelettes mit dem übrigen Puderzucker besieben.

## Biskuitomelette mit Konfitüre

im Bild rechts

| |
|---|
| 2 Teel. Butter |
| 5 Eier |
| 3 Eßl. Zucker |
| 2 Eßl. Vanillezucker |
| 4 Eßl. Mehl |
| 2 Teel. abgeriebene ungespritzte Zitronenschale |
| 1 Prise Salz |
| 4 Eßl. Aprikosenkonfitüre |
| 3 Eßl. Orangenlikör |
| Zum Bestäuben: |
| 2 Eßl. Puderzucker |

**Gelingt leicht • Preiswert**

Pro Person etwa 1500 kJ/
360 kcal · 17 g Eiweiß
17 g Fett · 32 g Kohlenhydrate

Zubereitungszeit: 35 Minuten

Den Backofen auf 180° vorheizen. Die Butter in einer flachen (Pie-)Form von 30 cm Durchmesser schmelzen und gleichmäßig über den Boden laufen lassen. • Die Eier in Eiweiße und Eigelbe trennen. Die Eiweiße zu steifem Schnee schlagen. Den Zucker und den Vanillezucker mischen und unter ständigem Weiterschlagen in den Eischnee rieseln lassen. • Die Eigelbe, das Mehl, die Zitronenschale und das Salz auf den Eischnee geben und alles mit einem Rührlöffel unterheben. • Die Biskuitmasse in die Form füllen, dabei die Ränder etwas dicker lassen als die Mitte. • Die Omelette auf der mittleren Schiene im Backofen in etwa 15 Minuten goldgelb backen. • Die Aprikosenkonfitüre mit dem Likör unter [illegible]ren erwärmen. • Die Omelette auf eine Platte stürzen, die Hälfte mit der Konfitüre bestreichen, die unbestrichene Hälfte darüberklappen. Mit dem Puderzucker besieben und in vier Stücke schneiden.

# Die beliebtesten Crêpes

Statt Mandarinen kann man auch Orangen nehmen und Zitronenmarmelade statt Orangenkonfitüre

## Crêpes Suzette

im Bild links

| |
|---|
| Für den Teig: |
| 3 Eßl. Butter · 125 g Mehl |
| 1 Ei · 1 Eigelb |
| 1 gehäufter Eßl. Zucker |
| 1 Prise Salz · ¼ l Milch |
| Zum Füllen: 75 g weiche Butter |
| 1 gehäufter Eßl. Puderzucker |
| 3 ungespritzte Mandarinen |
| 1 gehäufter Eßl. Zucker |
| 4 Eßl. Curaçao · 2 Eßl. Cognac |
| Zum Braten: 3 Eßl. Butterschmalz |

**Berühmtes Rezept**
**Etwas schwierig**

Pro Person etwa 2800 kJ/
670 kcal · 13 g Eiweiß
42 g Fett · 49 g Kohlenhydrate

Zubereitungszeit: 1½ Stunden

Die Butter zerlassen. • Das Mehl mit dem Ei, dem Eigelb, dem Zucker, dem Salz, der Milch und der Butter verrühren. • Den Backofen auf 50° vorheizen. • In einer kleinen schweren Pfanne portionsweise das Butterschmalz zerlassen, 12 hauchdünne Crêpes braten und im Backofen warm halten. • Die Butter mit dem Puderzucker schaumig rühren. • Die Mandarinen warm waschen, abtrocknen und die Schale fein abreiben. Den Saft auspressen. • Jeweils die Hälfte der Mandarinenschale und des -saftes in die schaumige Butter rühren. • Den übrigen Saft und die Schale mit dem Zucker mischen und beiseite stellen. • Den Curaçao mit dem Cognac mischen. • Die Crêpes mit der aromatisierten Butter bestreichen, zu Vierteln falten und in eine Flambierpfanne geben. • Die Saftmischung zu den Crêpes gießen, auf einem Rechaud erhitzen, dabei den Saft unter die Crêpes laufen lassen. • Sobald der Saft etwas eingekocht ist, das Alkoholgemisch hinzufügen, anzünden und die Crêpes sofort noch brennend servieren.

## Crêpes mit Orangenkonfitüre

im Bild rechts

| |
|---|
| 100 g Butter |
| 100 g Mehl |
| knapp ¼ l Milch |
| 1 Prise Salz |
| 1 Eßl. Zucker |
| 2 Eier |
| 1 Messerspitze Zimtpulver |
| Schale von ½ ungespritzten Orange |
| 200 g bittere Orangenkonfitüre |
| 1 Eßl. Orangenlikör |

**Spezialität aus Frankreich**

Pro Person etwa 2300 kJ/
550 kcal · 11 g Eiweiß
29 g Fett · 58 g Kohlenhydrate

Zubereitungszeit: 1¼ Stunden

Ein Viertel der Butter erhitzen und wieder abkühlen lassen. • Das Mehl mit der Milch, dem Salz, der zerlassenen Butter und dem Zucker verrühren. • Die Eier mit dem Zimt verquirlen und unter den Teig mengen. • Den Teig zugedeckt 30 Minuten quellen lassen. • Die Orange warm waschen, abtrocknen, hauchdünn schälen und die Schale in feine Streifen schneiden. • Die Konfitüre mit dem Likör verrühren. • Die übrige Butter nach und nach in einer speziellen Crêpespfanne oder in einer kleinen Pfanne zerlassen und 8 hauchdünne Eierkuchen backen. Die Crêpes zum Wenden auf einen Deckel stürzen, wieder in die Pfanne gleiten lassen und von jeder Seite in 2 Minuten goldbraun braten. • Den Backofen auf 50° vorheizen. • Die fertigen Crêpes mit der Konfitüre bestreichen, zweimal falten und im Backofen warm stellen. • Die Crêpes mit der Orangenschale bestreut servieren.

# Crêpes von besonderer Art

Geschmacklich lassen sich die Crêpes mit beliebigem frischem Obst immer wieder verändern

## Flambierte Calvados-Crêpes

im Bild links

Für den Teig:
100 g Mehl · ⅛ l Milch
1 Prise Salz · 3 Eßl. Sahne
1 Eßl. Vanillezucker · 2 Eier
abgeriebene Schale von
½ ungespritzten Zitrone
Zum Füllen:
500 g kleine säuerliche Äpfel
Saft von ½ Zitrone
1 Eßl. Butter · 2 Eßl. Zucker
½ Teel. Zimtpulver
6 Eßl. Calvados
1 Teel. Speisestärke
50 g gehackte Haselnüsse
Zum Braten: 6 Eßl. Butter

**Spezialität aus Frankreich**

Pro Person etwa 2200 kJ/
520 kcal · 13 g Eiweiß
28 g Fett · 48 g Kohlenhydrate

Zubereitungszeit: 1½ Stunden

Alle Zutaten für den Teig verquirlen und den Teig zugedeckt 30 Minuten ruhen lassen. • Den Backofen auf 50° vorheizen. • Die Äpfel waschen, die Kerngehäuse ausstechen, die Äpfel in etwa 1 cm dicke Scheiben schneiden und mit dem Zitronensaft beträufeln. • Die Butter in einer Pfanne zerlassen, die Äpfel mit dem Zucker, dem Zimt und 4 Eßlöffeln Calvados darin zugedeckt 5 Minuten dünsten. • Die Speisestärke mit wenig kaltem Wasser anrühren, unter die Äpfel mischen und noch einmal aufkochen lassen. Die Äpfel vom Herd nehmen und mit den Haselnüssen bestreuen. • Die Butter in Portionen zerlassen und 12 kleine Crêpes braten. • Die fertigen Crêpes mit den Äpfeln füllen, zusammenklappen und im Backofen heiß halten. • Den übrigen Calvados in einer Schöpfkelle über einer Kerzenflamme erwärmen, über die Crêpes gießen, anzünden und servieren.

## Crêpes mit Erdbeersahne

im Bild rechts

125 g Mehl · 2 Eier
0,2 l Milch
2 Eßl. Öl
1 Eßl. Vanillezucker
1 Prise Salz
300 g Erdbeeren
Saft von ½ Zitrone
0,1 l Sahne
2 Eßl. Zucker
1 Eßl. Vanillezucker
3 Eßl. Butterschmalz
2 Eßl. Puderzucker

**Etwas schwierig**

Pro Person etwa 2220 kJ/
530 kcal · 13 g Eiweiß
31 g Fett · 48 g Kohlenhydrate

Zubereitungszeit: 1½ Stunden

Das Mehl mit den Eiern, der Milch, dem Öl, dem Vanillezucker und dem Salz gut verrühren und den Teig zugedeckt 30 Minuten ruhen lassen. • Die Erdbeeren waschen, abtropfen lassen und die Stielansätze entfernen. • Ein Drittel der Erdbeeren in kleine Stifte schneiden, die restlichen durch ein Haarsieb passieren und mit dem Zitronensaft mischen. • Die Sahne mit dem Zucker und dem Vanillezucker steif schlagen, das Erdbeerpüree und die Erdbeerstifte unterheben und in den Kühlschrank stellen. • Den Backofen auf 50° vorheizen. • Das Schmalz portionsweise in einer Pfanne zerlassen und aus dem Teig 8 hauchdünne Eierkuchen braten. • Die Crêpes zum Wenden auf einen Deckel stürzen, wieder in die Pfanne gleiten lassen und von jeder Seite in 2 Minuten goldbraun braten. • Die fertigen Crêpes im Backofen warm halten. • Die Erdbeersahne auf die Crêpes verteilen, diese zu Vierteln falten und mit dem Puderzucker besieben.

# Topfenpalatschinken

Gehört zu den begehrtesten Mehlspeisen oder sättigenden Desserts

Für den Teig:
125 g Mehl · 1 Prise Salz · 2 Eier
1 Eßl. Öl · ¼ l Milch
1 Teel. Vanillezucker
Zum Füllen: 250 g Schichtkäse
50 g weiche Butter
50 g Zucker · 2 Eigelbe
½ Teel. abgeriebene ungespritzte Zitronenschale
5 Eßl. saure Sahne
75 g Rosinen · 3 Eiweiße
1 Eßl. Vanillezucker
Für den Guß: ⅛ l Milch
1 Eigelb · 1 Teel. Zucker
Zum Braten und für die Form:
100 g Butter
Zum Bestreuen: 2 Eßl. Zucker
½ Teel. Zimtpulver

**Spezialität aus Österreich**

Pro Person etwa 3700 kJ/
880 kcal · 32 g Eiweiß
53 g Fett · 66 g Kohlenhydrate

Vorbereitungszeit: 1¼ Stunden
Backzeit: 30 Minuten

Alle Zutaten für den Teig verquirlen und diesen 30 Minuten zugedeckt ruhen lassen. • Den Schichtkäse abtropfen lassen. • Die Butter mit dem Zucker schaumig rühren. Die Eigelbe mit der Zitronenschale, dem Schichtkäse, der sauren Sahne und den gewaschenen Rosinen untermengen. • Die Eiweiße mit dem Vanillezucker steif schlagen und unter die Käsemasse heben. • Jeweils etwas Butter zerlassen und aus dem Teig 8 dünne Pfannkuchen braten. • Den Backofen auf 180° vorheizen. Eine Auflaufform mit Butter ausstreichen. • Die Pfannkuchen mit der Käsemasse bestreichen, aufrollen, quer halbieren und schindelartig in die Form legen. • Die Milch mit dem Eigelb und dem Zucker verquirlen und über die Palatschinken gießen. Die Palatschinken 30 Minuten überbacken und mit Zimtzukker bestreuen.

# Palatschinken mit Nußsahne

Eine besonders raffinierte Variante

Für den Teig:
150 g Mehl
1 Prise Salz
2 Eier · 1 Eigelb
¼ l Milch
Zum Füllen:
100 g zartbittere Schokolade
0,2 l Sahne
1 Eiweiß
1 Eßl. Vanillezucker
1 Eßl. Rum
150 g gehobelte Haselnüsse
Zum Braten: 75 g Butter

**Spezialität aus Österreich**

Pro Person etwa 3600 kJ/
860 kcal · 24 g Eiweiß
59 g Fett · 54 g Kohlenhydrate

Zubereitungszeit: 1 Stunde

Das Mehl mit dem Salz, den Eiern, dem Eigelb und der Milch verquirlen. Den Teig zugedeckt 30 Minuten ruhen lassen. • Inzwischen die Schokolade im heißen Wasserbad schmelzen lassen und 5 Eßlöffel Sahne untermischen. • Die restliche Sahne steif schlagen. • Das Eiweiß mit dem Vanillezucker zu steifem Schnee schlagen und mit dem Rum unter die Haselnüsse rühren. • Die Hälfte der Schlagsahne unter die Nußmasse ziehen. • Den Backofen auf 50° vorheizen. • Nach und nach die Butter in einer Pfanne zerlassen und darin 8 dünne Pfannkuchen bei mittlerer Hitze von jeder Seite in 2 bis 3 Minuten goldbraun braten. • Die Pfannkuchen im Backofen heiß halten, bis der gesamte Teig verbraucht ist. • Die Pfannkuchen mit der flüssigen Schokolade bestreichen, die Nußmasse darauf verteilen und die Pfannkuchen aufrollen. • Die Palatschinken mit der restlichen Schlagsahne garnieren und auf vorgewärmten Tellern servieren.

# Rhabarberflans mit Mangosauce

Ein Flan gehört zu den Highlights unter den Desserts

Zutaten für 4 Soufflèförmchen:
- 250 g junger roter Rhabarber
- abgeriebene Schale von ½ ungespritzten Zitrone
- 75 g Zucker
- ½ Teel. gemahlener Ingwer
- 8 Löffelbiskuits
- 75 g gemahlene Haselnüsse
- 3 Eier
- 1 reife Mango
- Saft von ½ Zitrone
- ⅛ l Mangosirup
- Für die Förmchen: Butter

**Berühmtes Rezept**
**Braucht etwas Zeit**

Pro Person etwa 2300 kJ/ 550 kcal · 15 g Eiweiß · 32 g Fett · 51 g Kohlenhydrate

Zubereitungszeit: 1½ Stunden
Garzeit: 35 Minuten

Den Rhabarber waschen, abtrocknen und die harten Fäden abziehen. • Die Stangen in 2 cm lange Stücke schneiden, mit der Zitronenschale, der Hälfte vom Zucker und Ingwer mischen und zugedeckt 1 Stunde bei Raumtemperatur ziehen lassen. • Die Biskuits zwischen Folie mit dem Nudelholz zerdrücken und mit den Nüssen mischen. • Den Backofen auf 180° vorheizen. Die Förmchen mit Butter ausstreichen und mit etwa einem Viertel der Nuß-Biskuit-Mischung ausstreuen. • Die Eier in Eigelbe und Eiweiße trennen. Die Eiweiße steif schlagen, dabei den restlichen Zucker und Ingwer einrieseln lassen und 2 Minuten weiterschlagen. • Den Rhabarber abtropfen lassen. Die Eigelbe, den Rhabarber und die restliche Nuß-Biskuit-Mischung unter den Eischnee heben, in die Förmchen füllen, diese bis zur halben Höhe mit kochendheißem Wasser umgießen und die Flans im Backofen auf der mittleren Schiene in etwa 35 Minuten garen. • Die Mango schälen. Das Fruchtfleisch in Spalten vom Stein schneiden und im Mixer mit dem Zitronensaft und dem Sirup pürieren. Die Sauce zu den Flans reichen.

# Kirschbeignets mit Vanillesauce

Ein wahrhaft edler Nachtisch zur Kirschenzeit

Für die Beignets:
1 Ei
150 g Mehl
½ Päckchen Trockenhefe
⅛ l ungekühltes Bier
1 Prise Salz
1 Teel. Zimtpulver
1 gehäufter Eßl. Zucker
250 g Herzkirschen mit Stielen

Für die Sauce:
½ Vanilleschote
0,2 l Sahne
3 Eier
1 gehäufter Eßl. Zucker
1 Prise Salz
3 Eßl. Rum

Zum Fritieren: 500 g Kokosfett

**Etwas schwierig**
**Braucht etwas Zeit**

Pro Person etwa 3300 kJ/ 790 kcal · 19 g Eiweiß 53 g Fett · 51 g Kohlenhydrate

Zubereitungszeit: 1½ Stunden

Das Ei in Eigelb und Eiweiß trennen. • Das Mehl mit der Hefe, dem Bier, dem Salz, dem Zimt, dem Zucker und dem Eigelb verrühren. • Das Eiweiß zu steifem Schnee schlagen, unter den Teig heben und diesen zugedeckt 1 Stunde ruhen lassen. • Die Kirschen waschen, trockentupfen, dabei aber die Stiele dranlassen. • Je 3 Kirschen an den Stielen zusammenbinden. • Die Vanilleschote längs aufschneiden, das Mark herausschaben und mit den Schotenhälften in der Sahne kurz aufkochen lassen. • Die Eier mit dem Zucker und dem Salz cremig rühren. • Die Sahne durchseihen, langsam unter die Eimasse rühren und erhitzen, bis die Sauce sämig ist. • Die Vanillesauce mit dem Rum mischen und warm halten. • Das Fritierfett auf 180° erhitzen. • Die Kirschbündel durch den Teig ziehen und im heißen Fett goldgelb backen. • Die Sauce zu den Kirschbeignets servieren.

# Obst in feiner Teighülle

Besonders attraktiv im Winter

## Fritierte Ananas

im Bild links

- 150 g Mehl
- 2 Eier
- 1 Prise Salz
- ⅛ l Milch
- 1 Eßl. Rosenwasser
- 1 Eßl. Vanillezucker
- 1 kleine Ananas
- Zum Fritieren:
- 1 kg Kokosfett
- Zum Bestreuen:
- 3 Eßl. Zucker
- ½ Teel. Zimtpulver

**Gelingt leicht**

Pro Person etwa 2700 kJ/ 640 kcal · 13 g Eiweiß 32 g Fett · 73 g Kohlenhydrate

Zubereitungszeit: 1 Stunde

Für den Teig das Mehl mit den Eiern, dem Salz, der Milch, dem Rosenwasser und dem Vanillezucker verquirlen. • Den Teig zugedeckt 30 Minuten ruhen lassen. • Die Ananas schälen, in 1 cm dicke Scheiben schneiden und jeweils den harten Strunk in der Mitte ausstechen. • Das Fett in der Friteuse oder in einem Topf mit Thermometer auf 180° erhitzen. • Den Teig noch einmal durchrühren. Die Ananasscheiben mit Hilfe einer Gabel durch den Teig ziehen, etwas abtropfen lassen und portionsweise im heißen Fett von jeder Seite goldbraun backen. • Den Backofen auf 50° schalten und die fertigen Ananasscheiben darin heiß halten, bis alle Scheiben fritiert sind. • Den Zucker mit dem Zimt mischen und vor dem Servieren über das Gebäck streuen.

Unser Tip: Noch üppiger, aber besonders delikat wird das Dessert, wenn Sie statt Zimtzucker 100 g mit Eierlikör verrührte Crème fraîche über die Ananasscheiben geben.

## Flambierte Apfelbeignets

im Bild rechts

- 100 g Mehl
- 2 Eier
- 1 Prise Salz
- 2 Teel. Vanillezucker
- 4–5 Eßl. Milch
- 3 mittelgroße Äpfel
- 2 Teel. Butter
- 2 Eßl. Zucker
- 2 Messerspitzen Zimtpulver
- 4 Eßl. Rum (54% Vol.)
- Zum Fritieren: 1 kg Kokosfett

**Etwas schwierig**
**Berühmtes Rezept**

Pro Person etwa 2200 kJ/ 520 kcal · 10 g Eiweiß 34 g Fett · 40 g Kohlenhydrate

Zubereitungszeit: 1 Stunde

Das Mehl mit den Eiern, dem Salz und dem Vanillezucker verrühren und so viel von der Milch hinzufügen, daß ein dickflüssiger Teig entsteht. • Das Fritierfett in einer Friteuse oder in einem Topf mit Thermometer auf 175° erhitzen. • Die Äpfel schälen, die Kerngehäuse mit einem Apfelausstecher ausstechen und die Äpfel in jeweils 4 dicke Scheiben schneiden. • Die Apfelringe mit Hilfe einer Gabel durch den Teig ziehen und immer 3 bis 4 Ringe auf einmal goldgelb fritieren; die Ringe dabei einmal wenden. • Die fertigen Beignets auf Küchenpapier abtropfen lassen. • Die Butter in zwei Pfannen zerlassen, mit dem Zucker und dem Zimt mischen und die Apfelbeignets von jeder Seite darin braten, bis der Zucker leicht gebräunt ist. Den Rum über die Beignets gießen und anzünden. Die Beignets brennend servieren.

# Wiener Apfelstrudel

Jede Wienerin schwört bei Strudel auf ihr Familienrezept – unser Vorschlag stammt aus einem alten Wiener Kochbuch

| Zutaten für 8 Personen: |
|---|
| Für den Teig: |
| 250 g Mehl |
| 2 Teel. Öl |
| 1 Prise Salz |
| 1 kleines Ei |
| etwa 0,1 l lauwarmes Wasser |
| Zum Füllen: |
| 50 g Butter |
| 2 Eßl. Semmelbrösel |
| 2 kg säuerliche Äpfel (Boskop) |
| Saft von ½ Zitrone |
| 75 g Rosinen |
| 100 g Mandeln |
| 75 g Zucker |
| 1 Messerspitze Zimtpulver |
| Für das Backblech und zum Bestreichen: |
| 100 g zerlassene Butter |

**Spezialität aus Österreich**
**Etwas schwierig**

Pro Person etwa 2200 kJ/
520 kcal · 9 g Eiweiß
26 g Fett · 64 g Kohlenhydrate

Vorbereitungszeit: 1¼ Stunden
Backzeit: 40 Minuten

Das Mehl auf die Arbeitsfläche sieben, in die Mitte eine Mulde drücken und das Öl, das Salz und das Ei hineingeben, den Teig mit so viel lauwarmem Wasser vermengen, daß er beim Kneten geschmeidig und glatt wird. • Den Teig so lange kneten, bis er sich gut von der Arbeitsfläche löst und seidig glänzt; das dauert etwa 10 Minuten. Schneidet man die Teigkugel dann durch, zeigen sich deutlich Ringe. • Den Teig wieder zur Kugel formen, mit etwas Öl bestreichen und unter einer umgestülpten Schüssel nicht länger als 30 Minuten ruhen lassen. • Inzwischen die Butter zerlassen, die Semmelbrösel darin goldbraun braten und beiseite stellen. • Die Äpfel vierteln, schälen, vom Kerngehäuse befreien, in Scheibchen schneiden und mit dem Zitronensaft beträufeln. • Die Rosinen heiß waschen und abtropfen lassen. • Die Mandeln mit kochendheißem Wasser überbrühen, die Haut abziehen und die Mandeln grobhacken. • Den Zucker mit dem Zimt mischen. • Ein etwa 120 × 80 cm großes Tuch auf den Tisch legen und mit Mehl bestäuben. • Den Teig auf dem Tuch zu einem breiten Rechteck ausrollen und dieses mit Öl bestreichen. • Den Teig von der Mitte aus nach allen Seiten papierdünn ausziehen, eventuell dicke Teigränder abschneiden. • Den Backofen auf 200° vorheizen. Ein Backblech mit zerlassener Butter bestreichen. • Die Semmelbrösel auf dem Strudelteig verteilen, dabei an einer Längsseite einen 10 cm breiten Rand frei lassen. • Die Äpfel über die Semmelbrösel streuen, darüber die Rosinen und die gehackten Mandeln. Den Zimtzucker darüberstreuen. • Den Strudel mit Hilfe des Tuches zur nicht belegten Teigseite hin aufrollen und u-förmig, mit der »Naht« nach unten, auf das Backblech legen. • Den Strudel mit zerlassener Butter bestreichen und im Backofen auf der mittleren Schiene in 40 Minuten goldbraun backen. Den Strudel während des Backens wiederholt mit der zerlassenen Butter bestreichen. • Den heißen Strudel vor dem Anschneiden mit einem Tuch bedecken. • Den Strudel noch warm in Portionsstücke teilen. Halbsteif geschlagene, gesüßte Vanillesahne schmeckt gut dazu.

Unser Tip: Apfelstrudel schmeckt auch kalt anstelle von Kuchen zum Kaffee. – Wem der Strudel zu säuerlich ist, der kann ihn noch mit Zimtzucker bestreuen oder mit Puderzucker besieben.

# Blutorangensoufflé

Festliches Soufflé mit Fruchtbeilage

- 3 Blutorangen
- 3 Orangen
- 2 ungespritzte Zitronen
- 8 Stücke Würfelzucker
- 6 Eßl. Grand Marnier (Orangenlikör)
- 6 Löffelbiskuits
- 6 Eier
- 100 g Zucker
- Für die Form:
- Butter und Zucker

**Berühmtes Rezept**
**Etwas schwierig**

Pro Person etwa 2500 kJ/ 600 kcal · 23 g Eiweiß 21 g Fett · 70 g Kohlenhydrate

Vorbereitungszeit: 1 Stunde
Backzeit: 25 Minuten

Die Orangen mit einem scharfen Messer wie einen Apfel schälen, dabei auch die weiße Haut entfernen. Die Orangen filetieren. Die Häutchen auspressen und den Saft auffangen. • Die Zitronen warm waschen, abtrocknen und die Schalen mit dem Würfelzucker abreiben. • Die Zitronen auspressen und den Saft mit dem Orangensaft und dem Würfelzucker bei schwacher Hitze zu sämigem Sirup kochen lassen. • Die Orangenfilets mit der Hälfte des Likörs beträufeln und zugedeckt beiseite stellen. • Eine Souffléform mit Butter ausstreichen und mit Zucker ausstreuen. • Die Biskuits in die Form legen und mit dem restlichen Likör beträufeln. • Den Backofen auf 250° vorheizen. • Die Eier in Eigelbe und Eiweiße trennen. Die Eigelbe mit dem Zucker schaumig rühren und dann im heißen Wasserbad heiß und cremig schlagen. • Den Sirup unter die Eimasse mischen und diese im kalten Wasserbad kalt rühren. • Die Eiweiße zu steifem Schnee schlagen, unter die Eigelbcreme heben und in die Form füllen. • Das Soufflé etwa 10 Minuten auf der mittleren Schiene im Backofen backen, die Temperatur dann auf 200° schalten und das Soufflé in weiteren 15 Minuten fertig backen. • Das Soufflé sofort servieren, da es rasch zusammenfällt. Die Orangenfilets dazu reichen.

# Rahmwaffeln mit Limettencreme

Für diese Köstlichkeit braucht man ein Waffeleisen

Zutaten für 8 Waffeln:
Für den Teig :
125 g weiche Butter
100 g Zucker
1 Eßl. Vanillezucker
2 Eier · 2 Eigelbe
250 g Mehl
⅛ l Milch
150 g Crème fraîche
Für die Creme:
3 ungespritzte Limetten
2 Eiweiße
100 g Puderzucker
⅛ l Sahne
250 g Mascarpone (italienischer Frischkäse)
2 Eßl. weißer Rum
Zum Backen:
2 Eßl. weiche Butter
Zum Besieben:
4 Eßl. Puderzucker

**Gelingt leicht**
**Etwas teurer**

Pro Waffel etwa 3000 kJ/
710 kcal · 15 g Eiweiß
45 g Fett · 57 g Kohlenhydrate

Zubereitungszeit: 1 Stunde

Die Butter mit dem Zucker und dem Vanillezucker schaumig rühren. • Nach und nach die Eier und die Eigelbe untermischen. Das Mehl, die Milch und die Crème fraîche unter die Eiercreme rühren. • Die Limetten heiß waschen und abtrocknen. • Die Schale von 2 Limetten abreiben und den Saft auspressen. 1 Limette in dünne Scheiben schneiden. • Die Eiweiße mit 50 g Puderzucker zu steifem Schnee schlagen. • Die Sahne mit dem übrigen gesiebten Puderzucker steif schlagen. • Den Mascarpone mit dem Rum, dem Limettensaft und der Limettenschale verrühren. Die Schlagsahne und den Eischnee unterheben. • Aus dem Teig in einem leicht mit Butter ausgepinselten Waffeleisen 8 Waffeln backen. Die Waffeln noch heiß mit dem Puderzucker besieben, mit der Limettencreme bedecken und diese mit den Limettenscheiben garnieren.

# Desserts, die aus dem Ofen kommen

Beide Süßspeisen möglichst kurz vor dem Auftragen backen

## Beerengratin

im Bild links

- 400 g gemischte Beeren
- ¼ Vanilleschote
- 4 Eigelbe
- 75 g Zucker
- abgeriebene Schale von ½ ungespritzten Zitrone
- gut ⅛ l Tokajer oder Sherry
- 50 g abgezogene gemahlene Mandeln
- 4 Kugeln Erdbeersorbet

**Gelingt leicht • Schnell**

Pro Person etwa 2900 kJ/
690 kcal · 21 g Eiweiß
44 g Fett · 38 g Kohlenhydrate

Vorbereitungszeit: 30 Minuten
Gratinierzeit: 4–8 Minuten

Die Beeren waschen und abtropfen lassen. • Drei Viertel der Beeren in feuerfeste Schalen verteilen. Die restlichen Beeren zugedeckt beiseite stellen. • Den Backofen auf 220° vorheizen. • Die Vanilleschote längs aufschneiden und das Mark herausschaben. Die Eigelbe mit dem Vanillemark, dem Zucker, der Zitronenschale und dem Tokajer im heißen Wasserbad cremig schlagen. Die Creme soll dabei erhitzt werden. Die Mandeln unterziehen. • Die Creme über die Beeren füllen und im Backofen auf der mittleren Schiene in 4 bis 8 Minuten goldgelb gratinieren. • Das Dessert mit den zurückbehaltenen Beeren und mit dem Sorbet garnieren.

## Vanillesoufflé

im Bild rechts

- 500 g Himbeeren
- 1 Eßl. Himbeergeist
- 100 g Zucker
- 5 Eier
- 1 Vanilleschote
- 1 Prise Salz
- 50 g Mehl
- 25 g Speisestärke
- 1 Eßl. saure Sahne
- 2 Eßl. Zitronensaft
- 1 Teel. abgeriebene ungespritzte Zitronenschale
- 1 Teel. Speisestärke
- Für die Form: Butter und Zucker
- Zum Besieben: 1 Eßl. Puderzucker

**Etwas schwierig**

Pro Person etwa 1900 kJ/
450 kcal · 19 g Eiweiß
17 g Fett · 55 g Kohlenhydrate

Vorbereitungszeit: 40 Minuten
Backzeit: 35 Minuten

Die Himbeeren waschen, abtropfen lassen, mit dem Himbeergeist und 2 Eßlöffeln Zucker mischen. • Den Backofen auf 180° vorheizen. Eine Souffléform mit Butter ausstreichen und mit Zucker ausstreuen. • Die Eier in Eigelbe und Eiweiße trennen. • Die Vanilleschote längs aufschneiden, das Mark herausschaben, mit der Hälfte vom übrigen Zucker zu den Eigelben geben und diese schaumig rühren. • Die Eiweiße mit dem Salz und dem restlichen Zucker zu steifem Schnee schlagen. • Das Mehl mit der Speisestärke mischen und mit der sauren Sahne unter die Eigelbcreme rühren. Den Eischnee unterheben. • Die Hälfte der Schaummasse in die Form füllen, 250 g abgetropfte Himbeeren darüber verteilen und mit der übrigen Schaummasse bedekken. • Das Soufflé im Backofen auf der mittleren Schiene in 35 Minuten goldbraun backen. • Die übrigen Himbeeren mit dem gezogenen Saft, dem Zitronensaft und der -schale sowie ⅛ l Wasser 5 Minuten kochen lassen, die kalt angerührte Speisestärke hineinrühren und einmal aufkochen lassen. • Das Soufflé mit dem Puderzucker besieben und sofort mit der Himbeersauce servieren.

# Pies – Überraschungen unter zarter Kruste

Englische Schüsselpasteten – süß und herzhaft, kalt und warm

## Chiffon Pie

im Bild links

Zutaten für 1 Pieform von 24 cm Durchmesser:
- 100 g Nußnougat · 8 Zwiebäcke
- 100 g Marzipan-Rohmasse
- 1 Teel. gemahlener Ingwer
- 5 Blätter Gelatine · ¼ l Wasser
- ¼ l Orangensaft
- abgeriebene Schale von 1 ungespritzten Orange
- Saft von 1 Zitrone
- 4 Eier
- 100 g Zucker
- 0,2 l Sahne
- 4 Eßl. Orangenlikör
- 1 Eßl. gehackte Pistazien

**Berühmtes Rezept**

Bei 8 Portionen pro Person etwa 1700 kJ/400 kcal · 11 g Eiweiß 21 g Fett · 42 g Kohlenhydrate

Zubereitungszeit: 1½ Stunden
Zeit zum Kühlen: 2 Stunden

Die Nougatmasse im heißen Wasserbad schmelzen lassen. • Die Zwiebäcke zwischen Frischhaltefolie mit dem Nudelholz zerdrücken. • Das Marzipan mit dem Nougat, den Zwiebackbröseln und dem Ingwer mischen. • Den Boden und den Rand der Pieform mit der Nougat-Marzipan-Masse auskleiden und 1 Stunde kühl stellen. • Die Gelatine in dem Wasser einweichen. • Den Orangensaft, die -schale und den Zitronensaft aufkochen lassen. • Die Eier in Eigelbe und Eiweiße trennen. Die Eigelbe mit 50 g Zucker im heißen Wasserbad cremig rühren. • Die Gelatine ausdrücken, in dem Fruchtsaft auflösen und diesen unter die Eigelbcreme rühren. Die Creme abkühlen lassen. • Die Eiweiße mit dem übrigen Zucker steif schlagen. • Die Sahne steif schlagen und mit dem Likör verrühren. • Eischnee und Schlagsahne unter die leicht gelierende Creme heben, in die Pieform füllen und 2 Stunden in den Kühlschrank stellen. • Die Pie mit den Pistazien bestreuen.

## Pecannut Pie

im Bild rechts

Zutaten für 1 Pieform von 24 cm Durchmesser:

Für den Teig:
- 150 g kalte Butter · 300 g Mehl
- 1 Prise Salz · 1 Eigelb

Zum Füllen:
- 4 Eier
- 300 g brauner Rübensirup
- 40 g Mehl · 60 g Butter
- 1 Teel. gemahlene Vanille
- 400 g Pecannußkerne

**Spezialität aus den USA**

Bei 10 Portionen pro Person etwa 3230 kJ/770 kcal · 27 g Eiweiß 58 g Fett · 76 g Kohlenhydrate

Vorbereitungszeit: 45 Minuten
Backzeit: 30 Minuten

Die Butter mit dem Mehl, dem Salz, dem Eigelb und etwas kaltem Wasser verkneten. • Den Teig zugedeckt 30 Minuten im Kühlschrank ruhen lassen. • Den Backofen auf 180° vorheizen. • Die Eier verquirlen und mit dem Sirup verrühren. • Das Mehl, die zerlassene Butter, die Vanille und die halbierten Nüsse unter den Sirup mischen. • Den Teig ausrollen. Einen Kreis von 28 cm und einen von 24 cm Durchmesser ausschneiden. • Die Pieform mit dem größeren Kreis auslegen. • Die Nußmasse einfüllen, mit dem kleineren Kreis belegen und die Ränder zusammendrücken. • Die Mitte der Teigplatte sternförmig einschneiden und die Sternspitzen 3 cm nach außen auf die Teigdecke drücken, so daß die Nußfüllung sichtbar wird. • Die Pie 30 Minuten backen. Wenn die Oberfläche zu schnell bräunt, die Pie nach der halben Backzeit mit Pergamentpapier abdecken.

# Äpfel und Aprikosen warm serviert

Feurig und karamelisiert, zum richtigen Schlemmen

## Flambierte Bratäpfel

im Bild links

- 4 große säuerliche Äpfel (Boskop)
- 100 g Sultaninen
- 2 Eßl. Rum
- 50 g gehackte Haselnüsse
- 125 g Marzipan-Rohmasse
- 1 Messerspitze Zimtpulver
- 1 Eßl. Vanillezucker
- ½ ungespritzte Zitrone
- 4 Eßl. Calvados

**Gelingt leicht**

Pro Person etwa 1700 kJ/ 400 kcal · 5 g Eiweiß
15 g Fett · 56 g Kohlenhydrate

Vorbereitungszeit: 20 Minuten
Backzeit: 30 Minuten

Den Backofen auf 200° vorheizen. Ein Backblech mit Backpapier auslegen. • Die Äpfel waschen, abtrocknen und das Kerngehäuse mit einem Apfelausstecher ausstechen. • Die Sultaninen heiß waschen, trockentupfen und mit dem Rum und den gehackten Haselnüssen mischen. • Die Marzipan-Rohmasse kleinwürfeln und mit dem Zimt und dem Vanillezucker unter die Sultaninen mengen. • Die Zitrone warm waschen, abtrocknen, die Schale abreiben und den Saft auspressen. • Beides unter die Marzipanmasse mischen. • Die Äpfel mit der Marzipanmasse füllen, auf das Backblech stellen und im Backofen auf der mittleren Schiene 30 Minuten backen. • Die Bratäpfel auf Desserttellern anrichten. Bei Tisch den Calvados in einer Schöpfkelle über einer Kerzenflamme erwärmen, anzünden und über die Bratäpfel träufeln.

Unser Tip: Wenn man die Bratäpfel nicht flambieren möchte, kann man sie mit einer Weinschaumsauce servieren.

## Aprikosenschale mit Weizen

im Bild rechts

- 500 g Aprikosen
- 80 g frisch grobgeschroteter Weizen
- 100 g grobgehackte Mandeln
- 100 g Honig
- ¼ l Sahne
- 1 Messerspitze gemahlene Vanille

**Vollwertrezept**
**Gelingt leicht**

Pro Person etwa 2400 kJ/ 570 kcal · 10 g Eiweiß
34 g Fett · 55 g Kohlenhydrate

Zubereitungszeit: 30 Minuten

Die Aprikosen lauwarm waschen, gut trockenreiben, halbieren und entsteinen. Die Aprikosenhälften noch einmal durchschneiden. • Den Weizenschrot und die Mandeln in einer schweren trockenen Pfanne bei mittlerer Hitze unter ständigem Umwenden rösten, bis die Masse dunkler wird und angenehm duftet. • Die vorbereiteten Aprikosen und den Honig hinzufügen und unter weiterem Rühren erhitzen, bis der Honig zu karamelisieren beginnt. • Die Sahne mit der Vanille unter den Schrot mischen und unter Rühren 1 weitere Minute brodeln lassen. • Die Speise auf eine vorgewärmte Platte füllen und noch warm servieren.

Unser Tip: Statt mit Aprikosen läßt sich das Dessert auch mit Pfirsichen, Nektarinen oder Pflaumen zubereiten.

# Tarte Tatin

Dieser karamelisierte Apfelkuchen ist ein Lieblingsdessert der Franzosen

| |
|---|
| Zutaten für 1 Pieform von 26 cm Durchmesser: |
| 1 kg Äpfel (Reinette) |
| 2 Eßl. Zitronensaft |
| 4 Eßl. Zucker |
| 50 g Butter |
| 200 g Mehl |
| 100 g Butter |
| 1 Eßl. Puderzucker |
| 1 Eigelb |
| 1 Prise Salz |

**Berühmtes Rezept**
**Etwas schwierig**

Bei 8 Portionen pro Person etwa 1600 kJ/380 kcal · 5 g Eiweiß 20 g Fett · 41 g Kohlenhydrate

Vorbereitungszeit: 1 Stunde
Backzeit: 20 Minuten

Die Äpfel schälen. Kleine Äpfel halbieren, große Äpfel vierteln, vom Kerngehäuse befreien und in dem Zitronensaft wenden. • Den Zucker in die Form streuen. Die Butter in Flöckchen auf den Zucker geben. Die Äpfel wieder zusammensetzen und nebeneinander in der Pieform anordnen. • Die Butter in der Form bei schwacher Hitze zerlassen. Die Hitze verstärken, den Zucker karamelisieren und leicht brodeln lassen. • Die Äpfel etwas flach drücken. Sobald die Äpfel weich werden, geben sie Saft an die Karamelmasse ab. Die Form dann vom Herd nehmen und die Äpfel abkühlen lassen. • Für den Teig das Mehl mit der Butter, dem Puderzucker, dem Eigelb, dem Salz und 5 Eßlöffeln Wasser verkneten. • Den Backofen auf 250° vorheizen. • Den Teig 3 mm dick zu einem Kreis von 28 cm ausrollen. Die Teigplatte auf die Äpfel und am Rand um die Äpfel legen. • Die Tarte auf der mittleren Schiene in 20 Minuten goldbraun backen. Danach noch 10 Minuten im abgeschalteten Backofen ruhen lassen. • Die Tarte auf eine Platte stürzen und mit Crème fraîche oder Schlagsahne servieren.

# Kiwigratin

Eiweiß- und vitaminreich, leicht und bekömmlich

| | |
|---|---|
| Zutaten für 1 feuerfeste | |
| Auflaufform: | |
| 2 Eier · 250 g Magerquark | |
| 0,1 l Sahne | |
| 3 Eßl. Kiwilikör, ersatzweise | |
| Grand Marnier (Orangenlikör) | |
| 1 Prise Salz · 2 Eßl. Zucker | |
| 4 Kiwis | |
| Für die Form: 1 Eßl. Butter und | |
| 4 Eßl. gemahlene Mandeln | |
| Zum Besieben: | |
| 2 Eßl. Puderzucker | |

**Berühmtes Rezept**
**Etwas schwierig**

Bei 6 Portionen pro Person etwa 1070 kJ/260 kcal · 12 g Eiweiß 12 g Fett · 16 g Kohlenhydrate

Vorbereitungszeit: 45 Minuten
Backzeit: 15 Minuten

Den Backofen auf 220° vorheizen. Die Form mit der Butter ausstreichen und mit den gemahlenen Mandeln ausstreuen. • Die Eier in Eigelbe und Eiweiße trennen. • Den Quark mit der Sahne cremig rühren, die Eigelbe und den Likör untermischen. • Die Eiweiße mit dem Salz zu steifem Schnee schlagen, den Zucker einrieseln lassen und weiterschlagen, bis der Eischnee glänzt. Den Eischnee unter die Quarkmasse ziehen. • Die Kiwis schälen und in etwa ½ cm dicke Scheiben schneiden. • Die Quarkcreme in die Form füllen und fächerförmig mit den Kiwischeiben belegen. • Den Gratin im Backofen auf der mittleren Schiene in 15 Minuten goldgelb backen. • Den Gratin mit dem Puderzucker besieben und sofort servieren.

Unser Tip: Das Dessert läßt sich auch mit anderen exotischen Früchten bereiten wie Papayas, Cherimoyas oder Mangos. Immer versuchen, einen geschmacklich passenden Likör dazu zu finden.

# Gefüllte Pfirsiche

Ein Genuß für Augen und Gaumen

| | |
|---|---|
| 4 große Pfirsiche | |
| ⅛ l Wasser | |
| 100 g Zucker | |
| ½ Zitrone | |
| 3 Eiweiße | |
| 1 Prise Zimtpulver | |
| 4 Eßl. Preiselbeerkonfitüre | |
| 50 g gehackte Mandeln | |

**Schnell • Gelingt leicht**

Pro Person etwa 1300 kJ/ 310 kcal · 12 g Eiweiß 8 g Fett · 50 g Kohlenhydrate

Vorbereitungszeit: 15 Minuten
Backzeit: 10 Minuten

Den Backofen auf 240° vorheizen. Das Backblech mit Backpapier auslegen. • Die Pfirsiche mit einer Gabel mehrmals einstechen, kurz in kochendheißes Wasser tauchen, häuten, halbieren und die Steine entfernen. • Das Wasser mit 50 g Zukker mischen. Die Zitrone auspressen und den Saft in das Wasser gießen. Die Pfirsiche darin zugedeckt 7 Minuten bei schwacher Hitze dünsten. • Die Eiweiße zu steifem Schnee schlagen, den restlichen Zucker und den Zimt über den Eischnee füllen und beide Zutaten in weiteren 2 Minuten kräftig unter den Eischnee schlagen. • Die Preiselbeerkonfitüre mit den gehackten Mandeln mischen und in die abgetropften Pfirsichhälften füllen. • Die Pfirsiche auf das Backblech legen, den Eischnee mit einem Löffel über die Füllung geben und dabei kleine Spitzen vom Eischnee hochziehen. • Die Pfirsiche auf der oberen Schiene im Backofen 10 Minuten überbacken.

Unser Tip: Energiesparender ist es, die Pfirsiche unter dem Elektrogrill zu überkrusten.

# Bananen auf Baisers

Baisers lassen sich gut auf Vorrat zubereiten

| | |
|---|---|
| 125 g Puderzucker | |
| 2 Eiweiße | |
| 1 Teel. Zitronensaft | |
| 2 Bananen | |
| 1 Eßl. Butter | |
| 2 Eßl. Schokoladenstreusel | |
| Für das Backblech: Backpapier und Öl | |

**Braucht etwas Zeit**
**Preiswert**

Pro Person etwa 1200 kJ/
290 kcal · 7 g Eiweiß
6 g Fett · 51 g Kohlenhydrate

Vorbereitungszeit: 20 Minuten
Backzeit: 2 Stunden
Zeit zum Fertigstellen: 20 Minuten

Den Backofen auf 100° vorheizen. Das Backblech leicht mit Öl bestreichen und mit Backpapier auslegen. • Den Puderzucker auf ein Stück Pergamentpapier sieben. • Die Eiweiße mit dem Zitronensaft zu steifem Schnee schlagen, den Puderzucker einrieseln lassen und weiterschlagen, bis der Eischnee glänzt. • Den Eischnee in einen Spritzbeutel mit Lochtülle füllen und 4 Streifen in Form einer Banane auf das Backpapier spritzen. • Die Baisers auf der mittleren Schiene des Backofens in 2 Stunden mehr trocknen lassen als backen, dabei die Backofentüre mit einem Kochlöffelstiel einen Spaltbreit offen halten. • Die Bananen schälen und längs halbieren. • Die Butter in einer Pfanne zerlassen und die Bananen von beiden Seiten darin bei schwacher Hitze so lange braten, bis sie zu karamelisieren beginnen. • Die Bananen auf den Baisers anrichten und mit den Schokoladenstreuseln bestreuen.

# Fritierte Bananen

Leicht zuzubereiten und besonders delikat

| | |
|---|---|
| 150 g Mehl | |
| 6 Eßl. trockener Weißwein | |
| 6 Eßl. Wasser | |
| 1 Eßl. geschmacksneutrales Öl | |
| 2 Eiweiße | |
| 1 Prise Salz | |
| 4 mittelgroße Bananen | |
| 2 Teel. Zitronensaft | |
| 2 Teel. Puderzucker | |
| 2 Eßl. Zucker | |
| 1 Teel. Zimtpulver | |
| Zum Fritieren: | |
| 1 l geschmacksneutrales Öl | |

**Braucht etwas Zeit**

Pro Person etwa 1700 kJ/
400 kcal · 11 g Eiweiß
8 g Fett · 70 g Kohlenhydrate

Zubereitungszeit: 1½ Stunden

Für den Ausbackteig das Mehl in eine Schüssel schütten und mit dem Wein, dem Wasser und dem Öl verrühren. • Die Eiweiße mit dem Salz zu steifem Schnee schlagen und unter den Teig heben. Den Teig zugedeckt 30 Minuten ruhen lassen. • Das Öl in einer Friteuse oder in einem Topf mit Thermometer auf 170° erhitzen. Den Backofen auf 50° vorheizen. • Die Bananen längs halbieren und noch einmal quer durchschneiden. Die Bananen mit dem Zitronensaft beträufeln und mit dem Puderzucker besieben. • Die Bananenstücke mit Hilfe einer Gabel durch den Ausbackteig ziehen und jeweils 2 bis 3 Stücke im heißen Öl von beiden Seiten in 3 Minuten goldgelb backen. • Die fertigen Stücke auf Küchenpapier abtropfen lassen und auf einer Platte im Backofen warm halten, bis alle Bananenstücke fritiert sind. • Den Zucker mit dem Zimt mischen und die Bananen damit bestreuen.

# Topfensoufflé aus der Wachau

Fürstlicher Abschluß eines festlichen Menüs

Zutaten für 6 Souffléförmchen:
Für den Aprikosenschaum:
500 g vollreife Aprikosen
¼ l trockener Weißwein
½ Stange Zimt
2 Gewürznelken
Für die Soufflés:
4 Eier
100 g Zucker
1 Prise Salz
200 g Speisequark
1 Vanilleschote
2 Eßl. Rum
abgeriebene Schale von
½ ungespritzten Zitrone
Zum Besieben:
1 Eßl. Puderzucker
Für die Förmchen: Butter

**Spezialität aus Österreich**

Pro Person etwa 1400 kJ/
330 kcal · 14 g Eiweiß
12 g Fett · 32 g Kohlenhydrate

Vorbereitungszeit: 40 Minuten
Backzeit: 20–30 Minuten

Die Aprikosen waschen, abtrocknen, halbieren, von den Steinen befreien, mit dem Wein, dem Zimt und den Nelken in 10 Minuten weich dünsten und im Mixer pürieren. • Den Aprikosenschaum zugedeckt beiseite stellen. • Die Eier in Eigelbe und Eiweiße trennen. Die Eigelbe mit dem Zucker schaumig rühren. Die Eiweiße mit dem Salz steif schlagen. • Den Quark zur Eigelbcreme geben. • Die Vanilleschote aufschneiden, das Mark herausschaben und mit dem Rum, der Zitronenschale und dem Quark unter die Eigelbcreme mischen. • Den Backofen auf 180° vorheizen. Die Fettpfanne mit heißem Wasser füllen. Die Förmchen mit Butter ausstreichen. • Den Eischnee unter die Quarkmasse heben. Die Masse in die Förmchen füllen und die Soufflés in der Fettpfanne im Backofen auf der mittleren Schiene in 20 bis 30 Minuten goldgelb backen. • Die Soufflés mit dem Puderzucker besieben und sofort mit dem Aprikosenschaum servieren.

# Desserts mit Tradition

Die berühmten, die aufwendigen,
die erinnerungsseligen,
die, an welche man sich immer schon mal wagen wollte –
mit bewährten Originalrezepten kein Problem

# Nachtisch für die kühlere Jahreszeit

Die zarten Cremes kann man gut vorbereiten und bis zum Servieren kühl stellen

## Orangencreme

im Bild links

| |
|---|
| 4 Blätter Gelatine |
| ⅛ l Wasser |
| 500 g ungespritzte Saftorangen |
| 4 Eigelbe · 50 g Zucker |
| 1 Eßl. Vanillezucker |
| 2 Eßl. Cointreau (Orangenlikör) |
| 2 Eiweiße · ⅛ l Sahne |

**Preiswert • Gelingt leicht**

Pro Person etwa 1300 kJ/
310 kcal · 18 g Eiweiß
22 g Fett · 32 g Kohlenhydrate

Zubereitungszeit: 30 Minuten

Die Gelatine in dem kalten Wasser einweichen. • 1 Orange warm waschen, abtrocknen und die Schale abreiben. Den Saft aller Orangen auspressen. • Die Eigelbe mit dem Zucker und dem Vanillezucker schaumig schlagen. • Den Orangensaft erhitzen. Die Gelatine ausdrücken, in dem heißen Orangensaft auflösen, mit dem Cointreau mischen und mit der Orangenschale unter die Eigelbcreme rühren. • Die Masse in den Kühlschrank stellen. • Die Eiweiße zu steifem Schnee schlagen. Die Sahne ebenfalls steif schlagen. • 2 Eßlöffel Schlagsahne in einen Spritzbeutel füllen. Die übrige Schlagsahne mit dem Eischnee unter die gelierende Orangencreme ziehen und diese in Dessertgläser füllen. • Die Schale von ½ Orange sehr dünn abschneiden und in hauchfeine Streifen (Julienne) schneiden. • Die Creme mit Sahnetupfen und den Orangenschalen-Julienne verzieren.

Unser Tip: Schlagsahne und Eischnee verbinden sich mit Cremes nur, wenn diese noch nicht zu fest geworden sind. Sollte das passiert sein, so stellt man die Creme kurz in ein heißes Wasserbad, bis sie wieder weicher ist.

## Mokkacreme

im Bild rechts

| |
|---|
| 2 Eier |
| 1 Teel. Kakaopulver |
| ½ l Milch |
| 6 Blätter Gelatine |
| ¼ l Wasser |
| 4 Eßl. Zucker |
| 1 Eßl. Vanillezucker |
| 5 Teel. Instant-Kaffeepulver |
| ¼ l Sahne |
| 50 g Mokkabohnen |

**Gelingt leicht • Preiswert**

Pro Person etwa 2010 kJ/
480 kcal · 16 g Eiweiß
34 g Fett · 28 g Kohlenhydrate

Zubereitungszeit: 40 Minuten
Zeit zum Kühlen: 1 Stunde

Die Eier in Eigelbe und Eiweiße trennen. • Die Eigelbe mit dem Kakaopulver und 4 Eßlöffeln Milch glattrühren. • Die Gelatine in dem kalten Wasser einweichen. • ¼ l Milch mit dem Zucker, dem Vanillezucker und dem Kaffeepulver unter Umrühren zum Kochen bringen und den Topf vom Herd nehmen. • Die Eigelbmischung unter die Mokkamilch quirlen. Die Gelatine ausdrücken und in der Mokkamilch auflösen. • Die Mokkamilch mit der kalten Milch verrühren und in den Kühlschrank stellen. • Die Sahne steif schlagen und ebenfalls kühl stellen. • Die Eiweiße zu steifem Schnee schlagen und unter die Mokkamilch heben, wenn diese zu gelieren beginnt. • Zwei Drittel der Schlagsahne mit einem Löffel spiralförmig in die gelierende Creme rühren, so daß ein marmoriertes Muster entsteht. • Die Creme in Dessertgläser füllen und im Kühlschrank noch etwas fester werden lassen. • Das Dessert mit der restlichen Schlagsahne und den Mokkabohnen garnieren.

# Charlotte royal

Dieses »königliche« Dessert wurde vor 200 Jahren erfunden und nach der Gemahlin des englischen Königs Georg III. benannt

| Zutaten für 12 Personen: |
|---|
| Für den Biskuit: |
| 6 Eigelbe · 100 g Zucker |
| 1 Eßl. Vanillezucker |
| 4 Eiweiße · 1 Prise Salz |
| 100 g Mehl |
| 25 g Speisestärke |
| Zum Bestreichen: |
| 480 g Himbeermarmelade |
| 2 Eßl. Himbeergeist |
| Für die Creme: |
| 7 Blätter Gelatine |
| ½ l Wasser |
| 4 Eigelbe · 100 g Zucker |
| ½ Vanilleschote |
| Saft von je 1 Orange und Zitrone |
| ¼ l trockener Weißwein |
| 2 Eiweiße · 1 Prise Salz |
| ¼ l Sahne |
| Zum Bestreuen: Zucker |

**Etwas schwierig**
**Braucht etwas Zeit**

Pro Person etwa 1590 kJ/
380 kcal · 9 g Eiweiß
12 g Fett · 55 g Kohlenhydrate

Zubereitungszeit: 1¼ Stunden
Zeit zum Kühlen: 5 Stunden

Die Eigelbe mit 50 g Zucker und dem Vanillezucker so lange mit den elektrischen Quirlen schlagen, bis sich der Zucker völlig aufgelöst hat. • Die Eiweiße mit dem Salz schaumig rühren, den restlichen Zucker einrieseln lassen und das Eiweiß zu steifem Schnee schlagen. • Den Backofen auf 220 ° vorheizen. Das Backblech mit Backpapier auslegen. • Den Eischnee auf die Eigelbcreme füllen. Das Mehl mit der Speisestärke darübersieben und beides mit dem Schneebesen unterheben. • Die Biskuitmasse auf das Backblech streichen, auf der oberen Schiene im Backofen in etwa 12 Minuten goldgelb backen. • Ein Küchentuch mit Zukker bestreuen, den Biskuit auf das Tuch stürzen, das Papier abziehen und die Teigplatte mit einem feuchten Tuch bedecken. • Die Marmelade mit dem Himbeergeist bei schwacher Hitze glattrühren, durch ein Sieb streichen und auf den Biskuit verteilen. • Den Biskuit mit Hilfe des Tuchs zur Roulade formen und unter dem feuchten Tuch abkühlen lassen. • Die Gelatine in dem kalten Wasser einweichen. • Die Eigelbe mit dem Zucker schaumig rühren. Die Vanilleschote längs aufschneiden, das Mark herausschaben und unter die Eigelbcreme rühren. • Den Fruchtsaft durchseihen und erhitzen. Die Gelatine ausdrücken und im warmen Saft auflösen. • Den Wein in die Eigelbcreme rühren und nach und nach die Gelatineflüssigkeit mit dem Schneebesen untermischen. Die Creme kühl stellen. • Die Eiweiße mit dem Salz zu steifem Schnee schlagen. Die Sahne ebenfalls steif schlagen. • Sobald die Eigelbcreme zu gelieren beginnt, den Eischnee und die Schlagsahne mit dem Schneebesen unter die Creme heben und diese wieder kühl stellen. • Die Roulade in knapp 1 cm dicke Scheiben schneiden und eine Schale damit auskleiden. Die Creme auf die Rouladenscheiben füllen und glattstreichen. • Die Charlotte mindestens 5 Stunden kühl stellen. • Vor dem Servieren auf eine Platte stürzen und wie eine Torte in 12 gleich große Stükke schneiden.

Unser Tip: Aus den restlichen Eiweißen kann man Baisertörtchen zubereiten: Dafür die Eiweiße mit 200 g Zucker und 1 gehäuften Eßlöffel Speisestärke steif schlagen, mit dem Spritzbeutel Törtchen auf das Backblech spritzen, bei 100° im Backofen in 2 Stunden mehr trocknen als backen, dabei die Ofentüre einen Spaltbreit offenhalten und die Baisers in einer Dose aufbewahren.

# Cremespeisen für Verwöhnte

Schon zu Großmutters Zeiten waren sie beliebte Desserts

## Teecreme

im Bild links

| |
|---|
| Zutaten für 4 Förmchen von |
| 0,2 l Inhalt: |
| 8 Teel. schwarze Teeblätter |
| 0,1 l kochendheißes Wasser |
| 100 g brauner Kandiszucker |
| ½ l Sahne |
| 3 Eigelbe |
| 1 Teel. Zitronensaft |
| Für die Förmchen: |
| geschmacksneutrales Öl und |
| 4 Teel. Zuckerrohrgranulat |

**Berühmtes Rezept**
**Etwas schwierig**

Pro Person etwa 2310 kJ/
550 kcal · 15 g Eiweiß
64 g Fett · 34 g Kohlenhydrate

Vorbereitungszeit: 30 Minuten
Garzeit: 25 Minuten
Zeit zum Kühlen: 2 Stunden

Die Teeblätter in eine vorgewärmte Kanne geben, mit dem kochenden Wasser übergießen und 2 Minuten ziehen lassen. Den Tee abgießen und mit dem Kandiszucker mischen. • Von der Sahne ⅛ l abnehmen und in den Kühlschrank stellen. Die übrige Sahne unter Rühren zum Kochen bringen, etwas eindicken lassen, vom Herd nehmen und die Eigelbe darunterquirlen. Den Tee in dünnem Strahl hineinrühren. Die Creme auf dem Herd bei schwacher Hitze weiterschlagen, bis sie sämig wird. • Den Backofen auf 160° vorheizen. Eine Bratreine mit kochendheißem Wasser füllen. Die Förmchen mit Öl ausstreichen und mit dem Zuckerrohrgranulat ausstreuen. • Die Creme in die Förmchen füllen und im heißen Wasserbad im Backofen auf der untersten Schiene in 25 Minuten fest werden lassen. • Die Creme kühl stellen. Die übrige Sahne steif schlagen, mit dem Zitronensaft mischen und über die Creme geben.

## Crème russe

im Bild rechts

| |
|---|
| 4 Blätter Gelatine |
| ⅛ l Wasser |
| 6 Eigelbe |
| 150 g Puderzucker |
| 1½ Teel. ungespritzte |
| abgeriebene Orangenschale |
| ⅛ l trockener Weißwein |
| 2 Eßl. Wodka |
| 2 Eßl. Orangensaft |
| 0,2 l Sahne |

**Berühmtes Rezept**
**Braucht etwas Zeit**

Pro Person etwa 1760 kJ/
420 kcal · 26 g Eiweiß
64 g Fett · 42 g Kohlenhydrate

Zubereitungszeit: 45 Minuten
Zeit zum Kühlen: 2 Stunden

Die Gelatine in dem kalten Wasser einweichen. • Die Eigelbe in einer Schüssel verquirlen, den Puderzucker darübersieben und die Masse mit ½ Teelöffel Orangenschale schaumig rühren. Den Weißwein und den Wodka langsam untermischen und alles noch einige Minuten weiterrühren. • Den Orangensaft erhitzen. Die Gelatine ausdrücken und unter Umrühren im heißen Saft auflösen. Die Gelatine in die Eigelbcreme rühren und diese in den Kühlschrank stellen. • Die Sahne steif schlagen. Sobald die Creme zu stocken beginnt, die Schlagsahne unterziehen, die Creme in eine Servierschüssel füllen und im Kühlschrank zugedeckt kalt und fest werden lassen. • Die Crème russe vor dem Servieren mit der übrigen Orangenschale bestreuen.

# Paskha

Das traditionelle polnische Osterdessert, auch Pass'cha geschrieben, wird am Tag zuvor zubereitet

Zutaten für 1 Puddingform von 1½ l Inhalt:
- 1 kg Magerquark
- 200 g gemischte kandierte Früchte
- je 25 g Orangeat und Zitronat
- 50 g gemahlene Mandeln
- 1 Teel. gemahlene Vanille
- 175 g weiche Butter
- 0,2 l Sahne
- 3 Eigelbe
- 175 g Zucker
- 50 g abgezogene Mandeln

**Berühmtes Rezept**
**Braucht etwas Zeit**

Bei 8 Portionen pro Person etwa 2800 kJ/670 kcal · 26 g Eiweiß 59 g Fett · 50 g Kohlenhydrate

Zubereitungszeit: 1½ Stunden
Ruhezeit: 12 Stunden

Ein Sieb mit einem Mulltuch ausschlagen. Den Quark hineingeben, mit einem Tuch bedekken und beschweren, damit die Flüssigkeit abtropfen kann. • 100 g kandierte Früchte, das Orangeat und das Zitronat kleinwürfeln, mit den Mandeln und der Vanille mischen. • Den Quark durch das Sieb streichen. Die Butter schaumig rühren und unter den Quark mengen. • Die Sahne erhitzen. In einem hohen Topf die Eigelbe mit dem Zucker cremig rühren, langsam die Sahne unterrühren, alles unter Umrühren erhitzen, aber nicht kochen lassen. Den Topf in eine mit Eiswürfelwasser gefüllte Schüssel stellen und die Creme erkalten lassen. • Die Früchtemischung und eßlöffelweise den Quark unter die Creme rühren. • Die Puddingform mit einem feuchten Mulltuch auslegen, die Ränder überhängen lassen, die Creme einfüllen. Die Tuchenden darüberschlagen und die Masse beschweren. Die Creme 12 Stunden in den Kühlschrank stellen. • Paskha stürzen und das Tuch abziehen. • Die Mandeln leicht rösten. Paskha mit den Mandeln und den übrigen kandierten Früchten verzieren.

# Crème caramel

Eine Art Eierstich in süßer Version, den man gut 24 Stunden im Kühlschrank aufbewahren kann

| |
|---|
| Zutaten für 8 feuerfeste Förmchen: |
| 150 g Zucker |
| ½ l Milch |
| 1 Teel. gemahlene Vanille |
| 4 Eier |
| 4 Eigelbe |
| Zum Ausstreichen: Butter |

**Etwas schwierig**
**Preiswert**

Pro Person etwa 840 kJ/ 200 kcal · 13 g Eiweiß 21 g Fett · 18 g Kohlenhydrate

Zubereitungszeit: 30 Minuten
Garzeit: 40–50 Minuten
Zeit zum Kühlen: 3 Stunden

Die Förmchen mit Butter ausstreichen. • 100 g Zucker mit 5 Eßlöffeln Wasser unter ständigem Rühren kochen lassen, bis kein Wasserdampf mehr aufsteigt und der Zucker goldgelb karamelisiert ist. Den Karamel sofort eßlöffelweise in die Förmchen verteilen und die Förmchen schwenken, so daß sie mit der Karamelmasse ausgekleidet sind. • Die Milch mit der Vanille erhitzen. Die Eier mit den Eigelben und dem restlichen Zucker verrühren, nicht schlagen. Die heiße Vanillemilch langsam mit einem Schneebesen unter die Eicreme mischen. • Den Backofen auf 175° vorheizen. Die Fettpfanne des Backofens mit so viel Wasser füllen, daß die Förmchen zur Hälfte von Wasser umgeben sind. • Die Eiermilch in die Förmchen gießen. Die Förmchen in die Fettpfanne stellen und die Creme im Backofen auf der mittleren Schiene in 40 Minuten stocken lassen. • Danach durch leichten Fingerdruck prüfen, ob die Creme fest genug ist; nötigenfalls einige Minuten nachgaren lassen. • Die Creme in den Förmchen etwas abkühlen lassen und mindestens 3 Stunden in den Kühlschrank stellen. • Vor dem Servieren die Ränder der Creme mit einem spitzen Messer von den Formen lösen und die Creme auf Teller stürzen.

# Schaumspeisen von Weltruf

Ob mit Kaffee oder Schokolade – diese Desserts sind immer ein besonderer Genuß

## Mousse au chocolat

im Bild links

Zutaten für 8 Personen:
- 100 g edelbittere Schokolade
- 100 g zartbittere Schokolade
- 100 g Butter
- 6 Eier
- 2 Teel. abgeriebene ungespritzte Orangenschale
- 3 Eßl. Grand Marnier (Orangenlikör)
- 1 Prise Salz
- 2 Eßl. Puderzucker
- ⅛ l Sahne

**Spezialität aus Frankreich**
**Etwas schwierig**

Pro Person etwa 1470 kJ/
350 kcal · 11 g Eiweiß
31 g Fett · 17 g Kohlenhydrate

Zubereitungszeit: 1 Stunde
Zeit zum Kühlen: 5 Stunden

Die Schokolade in Stücke brechen und mit 1 Eßlöffel Wasser im heißen Wasserbad schmelzen lassen. Die Butter in Flöckchen hinzufügen und so lange rühren, bis sich alles gut miteinander verbunden hat. Die Schokoladenmasse im Wasserbad warm halten. • Die Eier in Eigelbe und Eiweiße trennen. Die Eigelbe mit 1 Eßlöffel Wasser im Wasserbad sämig rühren. Die Orangenschale, den Likör und die Schokoladenmasse unter die Eigelbe mengen. • Die Eiweiße mit dem Salz zu steifem Schnee schlagen. • Den Puderzucker in die Sahne sieben, diese steif schlagen und mit dem Eischnee unter die Schokoladenmasse ziehen. • Die Mousse in etwa 5 Stunden im Kühlschrank fest werden lassen.

## Kaffeecreme mit Kirschen

im Bild rechts

- 3 Teel. Instant-Kaffeepulver
- 400 g Sauerkirschen
- 2 Eßl. Zucker
- 5 Eßl. Weißwein oder ungesüßter Traubensaft
- 2 Eier
- 1 Prise Salz
- 3 Eßl. Puderzucker
- ¼ l Sahne

**Gelingt leicht**
**Berühmtes Rezept**

Pro Person etwa 1680 kJ/
400 kcal · 9 g Eiweiß
26 g Fett · 29 g Kohlenhydrate

Zubereitungszeit: 30 Minuten
Zeit zum Kühlen: 1 Stunde

Einen Eßlöffel Wasser zum Kochen bringen, das Kaffeepulver darin auflösen und kalt werden lassen. • Die Kirschen waschen und entsteinen. • Den Zucker mit dem Wein oder dem Traubensaft verrühren, über die Kirschen gießen und diese zugedeckt bei schwacher Hitze 5 bis 7 Minuten dünsten. • Die Kirschen in einem Sieb abtropfen lassen, den Saft auffangen und mit den Kirschen in den Kühlschrank stellen. • Die Eier in Eigelbe und Eiweiße trennen. Die Eiweiße mit dem Salz zu steifem Schnee schlagen. Die Eigelbe mit dem Puderzucker schaumig rühren und nach und nach den kalten Kirschsaft untermischen. • Die Kirschen in vier Gläser verteilen. Die Sahne steif schlagen und mit dem Kaffee vermengen. • Den Eischnee und die Schlagsahne unter die Eigelbcreme heben. Die Kaffeecreme über die Kirschen verteilen und die Creme sofort servieren.

# Varianten der Mousse au chocolat

Mousses sind in jeder Abwandlung eine köstliche Verführung

## Mousse au chocolat blanc

im Bild links

| |
|---|
| Zutaten für 6 Personen: |
| 200 g weiße Schokolade |
| 2 Eßl. Himbeergeist |
| 100 g Crème fraîche |
| 2 Eiweiße |
| 1 Prise Salz |
| 2 Eßl. Vanillezucker |
| ⅛ l Sahne |
| 500 g Himbeeren |
| 2 Eßl. Puderzucker |
| 12 Minzeblättchen |

**Gelingt leicht**

Pro Person etwa 1680 kJ/
400 kcal · 8 g Eiweiß
25 g Fett · 34 g Kohlenhydrate

Zubereitungszeit: 40 Minuten
Zeit zum Kühlen: 2 Stunden

Die Schokolade in kleine Stükke brechen, mit dem Himbeergeist mischen und im heißen Wasserbad unter Umrühren schmelzen lassen. Danach die Crème fraîche untermengen. • Die Eiweiße mit dem Salz schaumig rühren, den Vanillezucker einrieseln lassen und die Eiweiße zu steifem Schnee schlagen. Die Sahne ebenfalls steif schlagen. • Den Eischnee und die Schlagsahne unter die weiße Schokoladencreme ziehen, die Creme in eine Schüssel füllen und in 2 Stunden im Kühlschrank fest werden lassen. • Die Himbeeren waschen, verlesen, abtropfen lassen und durch ein Sieb passieren. Das Himbeerpüree mit dem Puderzukker verrühren. Die Minzeblättchen waschen und trockentupfen. • Vor dem Servieren das Himbeerpüree auf Dessertteller verteilen. Von der Mousse mit einem in kaltes Wasser getauchten Eßlöffel gleich große Nocken abstechen und auf das Fruchtpüree setzen. Die Minzeblättchen darüberstreuen.

## Mousse à la marbure

Marmorierte Mousse

im Bild rechts

| |
|---|
| Zutaten für 6 Personen: |
| je 150 g zartbittere und weiße Schokolade |
| 3 Eier · ¼ l Sahne |
| 2 Eßl. Zucker |
| 3 Eßl. Espresso oder starker Kaffee |
| 3 Eßl. weißer Rum |
| Zum Besieben: Puderzucker |

**Spezialität**

Pro Person etwa 2100 kJ/
500 kcal · 10 g Eiweiß
34 g Fett · 34 g Kohlenhydrate

Zubereitungszeit: 45 Minuten
Zeit zum Kühlen: 2 Stunden

Beide Schokoladensorten in Stücke brechen und jeweils mit 1 Eßlöffel Wasser getrennt voneinander im heißen Wasserbad schmelzen lassen. • Die Eier in Eigelbe und Eiweiße trennen. Die Eiweiße zu steifem Schnee schlagen. • Die Sahne ebenfalls steif schlagen. • Die Eigelbe mit dem Zucker und 2 Eßlöffeln heißem Wasser schaumig rühren, bis sich der Zucker völlig aufgelöst hat. • Die Eigelbcreme halbieren. Unter die eine Hälfte nach und nach die zartbittere Schokolade und den Espresso mischen. Die weiße Schokolade mit dem Rum unter die andere Hälfte der Eigelbcreme rühren. • Den Eischnee und die Schlagsahne halbieren und mit dem Schneebesen unter die beiden Cremes ziehen. • Die dunkle Mousse in eine Schüssel füllen, die weiße Mousse darübergeben und beide Cremes mit einer Gabel spiralförmig mischen. • Die Mousse 2 Stunden kühl stellen und fest werden lassen. • Sechs Dessertteller mit Puderzucker besieben. Von der Mousse mit einem in kaltes Wasser getauchten Eßlöffel gleich große Nocken abstechen und auf die Dessertteller verteilen.

# Birnen mit Schokoladensauce

Eine klassische Geschmackskombination

- 150 g abgezogene Mandeln
- 75 g Honig
- 2 Eßl. Rosenwasser
- 100 g honiggesüßte Schokolade (Reformhaus)
- 2 vollreife Birnen
- 1 Eiweiß
- 0,1 l Sahne

**Vollwertrezept**
**Etwas schwierig**

Pro Person etwa 2350 kJ/ 560 kcal · 12 g Eiweiß 36 g Fett · 47 g Kohlenhydrate

Zubereitungszeit: 40 Minuten

Für das Honigmarzipan die Mandeln sehr fein mahlen oder im Mixer zerkleinern. • Die Mandeln mit dem Honig vermischen; dabei die Schüssel in einen Topf mit heißem Wasser stellen und rühren, bis aus Honig und Mandeln eine geschmeidige Masse entstanden ist. Das Rosenwasser unter das Marzipan rühren. • Die Schokolade in Stücke brechen und in einem kleinen Topf bei äußerst schwacher Hitze auf dem Herd oder im heißen Wasserbad schmelzen lassen. • Die Birnen warm waschen, trokkenreiben, längs halbieren, vom Kerngehäuse befreien und mit der Schnittfläche nach unten auf je einen Dessertteller legen. • Das Eiweiß zu steifem Schnee schlagen und diesen unter das Marzipan ziehen. • Die Sahne steif schlagen und in einen Spritzbeutel mit Sterntülle füllen. • Die Birnenhälften mit der Marzipanmasse bedecken. Die Schokoladensauce gefällig darüberträufeln. Die Birnen mit Sahnetupfen garnieren.

# Ahorncreme mit Nüssen

Ein besonderes Dessert, das nicht nur Kinder lieben

- 2 Blätter Gelatine
- ⅛ l Wasser
- 50 g Vollkornreismehl
- 1 Messerspitze gemahlene Vanille
- 10 Eßl. Ahornsirup
- 100 g Walnußkerne
- 100 g Crème fraîche
- 2 Eßl. Zitronensaft
- 0,2 l Sahne

**Vollwertrezept**
**Etwas teurer**

Pro Person etwa 2300 kJ/ 550 kcal · 8 g Eiweiß 44 g Fett · 33 g Kohlenhydrate

Zubereitungszeit: 30 Minuten
Zeit zum Kühlen: 1 Stunde

Die Gelatine in dem kalten Wasser einweichen. • Das Reismehl mit der Vanille mischen und mit 0,1 l Wasser glattrühren. ¼ l Wasser zum Kochen bringen, das angerührte Reismehl unter Rühren hineingießen und knapp 3 Minuten leicht kochen lassen. • Den Topf vom Herd nehmen und 2 Eßlöffel Ahornsirup unter den Reisbrei rühren. • 4 Walnußkerne beiseite legen. Die übrigen Nüsse grobhacken, in einer trokkenen Pfanne unter ständigem Rühren leicht anrösten, 4 Eßlöffel Ahornsirup hinzufügen und alles bei mittlerer Hitze leicht karamelisieren lassen. Die heißen Nüsse unter den Reisbrei mischen. • Die Gelatine ausdrücken, unter den noch heißen Reisbrei rühren und darin auflösen. Die Crème fraîche und den Zitronensaft ebenfalls unter den Reisbrei mengen. • Die Sahne steif schlagen, unter die etwas abgekühlte Creme ziehen und diese im Kühlschrank kalt werden lassen. • Die Creme in Portionsschalen anrichten, mit je 1 Walnuß und 1 Eßlöffel Ahornsirup verzieren und nicht zu kalt servieren.

# Köstlichkeiten für den Hochsommer

Achten Sie beim Einkauf darauf, daß Sie reife Früchte mit kräftigem Aroma bekommen

## Stachelbeer-Trifle

im Bild links

Zutaten für 6 Personen:
500 g Stachelbeeren
⅛ l Wasser
150 g Zuckerrohrgranulat
4 Eier · ½ l Milch
4 Löffelbiskuits
0,1 l Madeirawein
12 Mandelmakronen
je 5 kandierte Ananasringe und Orangenspalten
⅛ l Sahne
2 Teel. Vanillezucker

**Spezialität aus England**
**Braucht etwas Zeit**

Pro Person etwa 2400 kJ/ 520 kcal · 14 g Eiweiß
33 g Fett · 81 g Kohlenhydrate

Zubereitungszeit: 1 Stunde
Zeit zum Kühlen: 4 Stunden

Die Stachelbeeren waschen, putzen, mit dem Wasser und 100 g Zuckerrohrgranulat zugedeckt bei schwacher Hitze 10 Minuten kochen, dann abkühlen lassen. • Die Eier mit dem übrigen Zuckerrohrgranulat schaumig rühren. Die Milch erhitzen. • Die heiße Milch unter ständigem Rühren langsam in die Eiermasse mischen und bei äußerst schwacher Hitze unter Rühren erhitzen, bis die Creme sämig ist. • Die Creme in eine Schüssel mit Eiswürfeln stellen und unter Rühren abkühlen lassen. • Eine Glasschale mit den Löffelbiskuits auslegen und diese mit Madeirawein beträufeln. Die Stachelbeeren darauffüllen. Die Mandelmakronen darauflegen und ebenfalls mit Madeirawein tränken. • Die Creme über die Makronen füllen. Das Dessert 4 Stunden im Kühlschrank durchziehen und fest werden lassen. • Die kandierten Früchte kleinwürfeln. Die Sahne mit dem Vanillezucker steif schlagen, über das Dessert streichen und mit den Früchten verzieren.

## Melonen-Chaudeau

im Bild rechts

1 mittelgroße Honigmelone von etwa 750 g
8 Blätter Gelatine
½ l Wasser · 5 Eier
150 g Zucker
⅛ l trockener Weißwein
1 Eßl. Zitronensaft
1 Prise Salz
1 Zweig Pfefferminze
⅛ l Sahne

**Etwas schwierig**

Pro Person etwa 1630 kJ/ 390 kcal · 22 g Eiweiß
24 g Fett · 50 g Kohlenhydrate

Zubereitungszeit: 1 Stunde
Zeit zum Erstarren: 4 Stunden

Die Melone halbieren und die Kerne entfernen. Das Fruchtfleisch von 1 Melonenhälfte aus der Schale lösen. Das Fruchtfleisch der anderen Melonenhälfte mit einem Kugelausstecher ausstechen und die Kugeln zugedeckt beiseite stellen. • Die Gelatine in dem Wasser einweichen. • 3 Eier in Eigelbe und Eiweiße trennen. Die Eigelbe mit den ganzen Eiern und dem Zucker schaumig rühren. • Die Eigelbmasse im heißen Wasserbad cremig rühren und langsam den Wein mit dem Zitronensaft hinzufügen. So lange rühren, bis die Masse sämig wird, dann vom Herd nehmen, aber im Wasserbad warm halten. • Die Gelatine ausdrücken und in der warmen Creme auflösen. • Das Fruchtfleisch der Melonen pürieren, unter die Creme rühren, durch ein Haarsieb streichen und kühl stellen. • Die Eiweiße mit dem Salz zu steifem Schnee schlagen. Sobald die Creme zu stocken beginnt, den Eischnee mit den Melonenkugeln unterheben. • Die Creme im Kühlschrank erstarren lassen. • Das Dessert mit Minzeblättchen garnieren. • Die Sahne halbsteif schlagen und dazu reichen.

# Sharonfrucht-Baisers

Die kernlose Sharonfrucht aus Israel ist der Kakipflaume nah verwandt

| |
|---|
| 100 g Puderzucker |
| 2 Eiweiße · 1 Teel. Zitronensaft |
| 2 Blätter Gelatine |
| ⅛ l Wasser |
| 4 Sharonfrüchte |
| 2 Eßl. Puderzucker |
| 2 Eßl. Zitronensaft |
| ⅛ l Sahne |

**Braucht etwas Zeit**
**Etwas teurer**

Pro Person etwa 1200 kJ/ 290 kcal · 11 g Eiweiß 10 g Fett · 40 g Kohlenhydrate

Zubereitungszeit: 1 Stunde
Backzeit: 2 Stunden
Zeit zum Kühlen: 1 Stunde

Den Backofen auf 100° vorheizen. Ein Backblech mit Fett bestreichen und mit Backpapier auslegen. Vier gleich große Kreise darauf markieren. • Den Puderzucker auf Pergamentpapier sieben. • Die Eiweiße mit dem Zitronensaft zu steifem Schnee schlagen, langsam den Puderzucker einrieseln lassen und den Eischnee schlagen, bis er glänzt. • Die Baisermasse in einen Spritzbeutel mit Sterntülle füllen und die Kreise auf dem Backpapier damit spiralförmig ausspritzen. Den Kreisen Ränder aus Baisertupfen aufsetzen. • Die Baisers im Backofen auf der mittleren Schiene in 2 Stunden mehr trocknen lassen als backen. Die Backofentüre währenddessen mit einem Kochlöffelstiel einen Spaltbreit offen halten. • Die Baisers auf einem Kuchengitter abkühlen lassen. • Die Gelatine in dem Wasser einweichen. 3 Sharonfrüchte halbieren, schälen, durch ein Sieb streichen und mit dem Puderzucker verrühren. • Den Zitronensaft mit 1 Eßlöffel Wasser erhitzen. Die Gelatine ausdrücken und im Zitronensaft auflösen. Das Püree mit dem Zitronensaft mischen. • Die Sahne steif schlagen, unter das Fruchtpüree heben und dieses im Kühlschrank fest werden lassen. • Von der vierten Sharonfrucht die Haut abziehen und das Fruchtfleisch würfeln. Die Baisers auf Teller setzen, mit dem Fruchtpüree füllen und mit den Sharonfruchtwürfeln garnieren.

# Mohr im Hemd

Berühmt und beliebt bei alt und jung

Zutaten für 1 Puddingform von 1 ½ l Inhalt:
- 80 g Vollkorngrieß
- 20 g Kakaopulver
- 70 g Zuckerrohrgranulat
- abgeriebene Schale von 1 ungespritzten Orange
- ½ Teel. gemahlene Vanille
- ¼ l Milch · 50 g Butter
- 100 g Honig
- 100 g abgezogene gemahlene Mandeln
- 4 Eier · 0,2 l Sahne
- Für die Form: Butter und Vollkornbrösel

**Vollwertrezept**

Bei 8 Portionen pro Person etwa 1800 kJ/430 kcal · 12 g Eiweiß 28 g Fett · 31 g Kohlenhydrate

Vorbereitungszeit: 40 Minuten
Garzeit: 2 Stunden

Den Grieß mit dem Kakao, einem Drittel vom Zuckerrohrgranulat, der Orangenschale und etwas Vanille mischen. • Die Milch aufkochen, die Grießmischung einrühren und 2 Minuten kochen lassen. • Den Topf vom Herd nehmen, die Butter, den Honig und die Mandeln unter den heißen Grieß mengen und abkühlen lassen. • Die Puddingform mit Butter ausstreichen und mit Bröseln ausstreuen. • Die Eier in Eigelbe und Eiweiße trennen. Die Eigelbe unter den Grieß rühren. • Die Eiweiße mit einem Drittel vom Zuckerrohrgranulat zu steifem Schnee schlagen und unter den Grieß ziehen. Die Puddingmasse in die Form füllen, mit dem Deckel schließen, in einen Topf mit kochendem Wasser stellen und in 1 Stunde garen. • Die Sahne mit dem restlichen Zuckerrohrgranulat und der übrigen Vanille halbsteif schlagen. Den Pudding etwas abkühlen lassen, auf eine Platte stürzen und die Vanillesahne darübergießen.

# Zuppa romana

Alchermes ist ein florentinischer Kräuterlikör

Für den Biskuit:
- 3 Eier · 80 g Zucker
- 1 Eßl. Vanillezucker
- 1 Prise Salz
- 50 g Mehl
- 30 g Speisestärke

Zum Füllen:
- ½ l Milch
- 1 Eßl. Vanillezucker
- 5 Eier · 120 g Zucker
- 30 g Mehl
- 150 g kandierte Früchte
- 3 Eßl. Alchermes
- 100 g Puderzucker

**Berühmtes Rezept**

Bei 8 Portionen pro Person etwa 2010 kJ/480 kcal · 16 g Eiweiß 27 g Fett · 67 g Kohlenhydrate

Zubereitungszeit: 2 Stunden
Zeit zum Kühlen: 3 Stunden

Den Backofen auf 180° vorheizen. • Die Eier trennen, die Eigelbe mit dem Zucker und dem Vanillezucker schaumig rühren. Die Eiweiße mit dem Salz steif schlagen und mit dem Mehl und der Speisestärke unter die Eigelbmasse heben. • Den Biskuit in eine Springform füllen, in 25 Minuten goldgelb backen und abkühlen lassen. • Die Milch mit dem Vanillezucker erhitzen. • Die Eier in Eigelbe und Eiweiße trennen. Die Eigelbe mit dem Zucker und dem Mehl schaumig schlagen, die heiße Milch langsam unterrühren, einmal aufkochen und abkühlen lassen. • Die Früchte würfeln. • Den Biskuit ½ cm breit schneiden. • Den Backofen auf 160° vorheizen. • Den Boden einer Gratinform mit Biskuitstreifen auslegen und mit dem Likör beträufeln. Schichtweise die Creme und die Früchte einfüllen. • Die Eiweiße mit dem Puderzucker steif schlagen, auf das Dessert streichen und dieses im Backofen 15 Minuten überbacken. • Bis zum Servieren kühl stellen.

# Zimtflans auf Armagnac-Creme

Dezente Raffinesse für Kenner

Zutaten für 6 Souffléförmchen:
- 125 g entsteinte Backpflaumen
- 6 Eßl. Armagnac
- 100 g Honigkuchen
- 3 Teel. Zimtpulver
- 1 Messerspitze gemahlene Gewürznelken
- 50 g Schokoladenraspel
- 4 Eier
- 100 g weiche Butter
- 2 Eßl. Puderzucker
- 1 Prise Salz
- 50 g feingehackte Walnüsse
- 100 g Crème fraîche
- 6 Blättchen Pfefferminze
- Für die Förmchen: Butter und Zucker

**Berühmtes Rezept**
**Braucht etwas Zeit**

Pro Person etwa 2310 kJ/
550 kcal · 11 g Eiweiß
38 g Fett · 39 g Kohlenhydrate

Marinierzeit: 12 Stunden
Vorbereitungszeit: 1 Stunde
Backzeit: 20 Minuten

Die Backpflaumen 12 Stunden in dem Armagnac einweichen. • Den Honigkuchen im Mixer fein zerbröseln und mit dem Zimt, dem Nelkenpulver und den Schokoladenraspeln mischen. • Die Eier in Eigelbe und Eiweiße trennen. • Die Butter cremig rühren, den Puderzucker darübersieben und mit den Eigelben untermischen. • Die Eiweiße mit dem Salz zu steifem Schnee schlagen, auf die Buttercreme füllen, die Honigkuchenmasse und die Nüsse darüberstreuen und alles locker untermischen. • Den Backofen auf 225° vorheizen. Die Förmchen mit Butter ausstreichen und mit Zucker ausstreuen. • Die Flanmasse in die Förmchen füllen und auf der mittleren Schiene im Backofen 17 bis 20 Minuten backen. • Die Flans auf 6 Dessertteller stürzen und abkühlen lassen. • 6 der eingeweichten Pflaumen beiseite legen. Die übrigen mit der Crème fraîche im Mixer kurz pürieren, wenn nötig noch etwas Weißwein hinzufügen. Die Sauce um die Flans verteilen. Die Flans mit den Pflaumen und den Minzeblättchen garnieren.

# Crème bavaroise

Das beliebte Dessert wurde im 14. Jahrhundert von der französischen Königin Isabelle de Bavière kreiert

| |
|---|
| Zutaten für 6 Personen: |
| 6 Blätter Gelatine |
| ¼ l Wasser |
| 1 Vanilleschote |
| ¼ l Milch |
| 5 Eigelbe |
| 100 g Zucker |
| ¼ l Sahne |

**Berühmtes Rezept**

Pro Person etwa 1190 kJ/ 280 kcal · 18 g Eiweiß 41 g Fett · 21 g Kohlenhydrate

Zubereitungszeit: 30 Minuten
Zeit zum Festwerden: 4 Stunden

Die Gelatine in dem kalten Wasser einweichen. • Die Vanilleschote längs aufschneiden und das Mark herausschaben. • Die leeren Schotenhälften mit der Milch erhitzen, dann wieder abkühlen lassen. • Die Eigelbe mit dem Vanillemark und dem Zucker im heißen Wasserbad mit den elektrischen Quirlen dickschaumig schlagen. • Die Schotenhälften aus der Milch nehmen, die Milch unter die Eigelbcreme rühren und so lange im heißen Wasserbad weiterschlagen, bis die Creme heiß und fest ist. • Die Gelatine ausdrücken, in einem kleinen Topf im heißen Wasserbad unter Rühren auflösen und unter die Vanillecreme ziehen. • Die Creme in den Kühlschrank stellen. • Die Sahne steif schlagen und unter die gelierende Creme mischen. • Die Creme in kalt ausgespülte Portionsschälchen füllen und in 4 Stunden im Kühlschrank fest werden lassen. • Die Crème bavaroise auf Teller stürzen und mit leicht gezuckerten Beeren, kalten Fruchtsaucen oder Sahnetupfen verzieren.

Unser Tip: Mischt man statt des Vanillemarks 100 g geschmolzene zartbittere Schokolade mit je 2 Teelöffeln Instant-Kaffee- und Kakaopulver unter die Eigelbcreme, erhält man ein köstliches Schokoladendessert. – Für eine Mandelcreme die Eigelbmasse mit 100 g abgezogenen, feingemahlenen Mandeln, 1 Teelöffel Rosenwasser und 2 Teelöffeln Amaretto ( Mandellikör) mischen.

# Profiteroles

Einstmals der Stolz französischer Köche, heute weltweit bekannt

Zutaten für 6 Personen:

Für den Teig:
- 125 g Mehl
- je ⅛ l Wasser und Milch
- 50 g Butter
- 1 Prise Salz
- 4 Eier
- 1 Eigelb

Für die Vanillesauce:
- ½ Vanilleschote
- ⅜ l Milch
- 40 g Mehl
- 3 Eigelbe
- 75 g Zucker
- 1 Eßl. Butter
- 2 Eßl. Rum

Für die Schokoladensauce:
- 100 g zartbittere Schokolade
- 50 g Crème double
- 1 Eßl. abgeriebene ungespritzte Orangenschale

Für das Backblech: Backpapier

**Spezialität aus Frankreich**
**Etwas schwierig**

Pro Person etwa 2310 kJ/
550 kcal · 25 g Eiweiß
50 g Fett · 46 g Kohlenhydrate

Vorbereitungszeit: 30 Minuten
Backzeit: 20 Minuten
Zeit zum Fertigstellen: 1 Stunde

Das Mehl auf Pergamentpapier sieben. Das Wasser mit der Milch, der Butter und dem Salz aufkochen lassen, das Mehl auf einmal hineinschütten und rühren, bis sich der Teig zum Kloß formt und vom Topfboden löst. • Den Teig in einer Schüssel abkühlen lassen. Die Eier dann einzeln unter den Teig rühren. • Den Backofen auf 225° vorheizen. Das Backblech mit Backpapier auslegen. • Den Brandteig in einen Spritzbeutel mit Lochtülle füllen und walnußgroße Kugeln auf das Backblech spritzen. • Das Eigelb mit 1 Teelöffel Wasser verrühren, die Kugeln damit bestreichen und auf der mittleren Schiene des Backofens in 20 Minuten goldbraun backen. • Die Profiteroles seitlich mit einem spitzen Messer einstechen, damit Dampf entweichen kann. Die Profiteroles erkalten lassen. • Für die Sauce die Vanilleschote längs aufschneiden und in die Milch geben. Die Milch einmal aufkochen und gut 10 Minuten auf der abgeschalteten Herdplatte ziehen lassen. • Das Mehl mit den Eigelben und dem Zucker verrühren. • Die Vanilleschote aus der Milch nehmen und die Milch kräftig unter den Teig quirlen. Die Masse wieder in den Topf gießen und unter ständigem Umrühren einmal aufkochen lassen, dann in eine Schüssel schütten. • Die Butter zerlassen und die Oberfläche der Creme damit bestreichen, damit sich keine Haut bildet. Die Creme kalt werden lassen. • Den Rum unter die kalte Creme rühren. • Die Creme in einen Spritzbeutel mit sehr kleiner Lochtülle füllen. Die Lochtülle von unten her in die Profiteroles stoßen und diese so füllen (die Profiteroles werden nicht durchgeschnitten!). Die gefüllten Profiteroles pyramidenförmig oder nebeneinander auf einer Platte anrichten. • Die Schokolade in Stücke brechen und mit 3 Eßlöffeln Wasser im heißen Wasserbad schmelzen lassen. • Die Crème double und die abgeriebene Orangenschale unter die Schokoladensauce mischen. Die Sauce über die Profiteroles träufeln. Nach Belieben Orangenschalen-Julienne darüberstreuen.

Unser Tip: Profiteroles – ein zartes Brandteiggebäck – schmekken nur frisch gebacken. Statt mit Orangenschale kann man die Schokoladensauce auch mit feingehacktem eingelegtem Ingwer aromatisieren. – Manchmal werden Profiteroles auch mit hauchfeinen Fäden aus Karamel (Engelshaar) überzogen.

# Reis Trauttmansdorff

Schmeckt mit Naturreis kerniger als gewohnt

- 100 g Rundkorn-Naturreis
- ½ l Milch
- ½ Teel. gemahlene Vanille
- Schale von ½ ungespritzten Zitrone
- 60 g Zuckerrohrgranulat
- 4 Blätter Gelatine
- ¼ l Wasser
- 50 g getrocknete entsteinte Aprikosen
- 30 g kandierter Ingwer
- 1 vollreife Mango von etwa 300 g
- 0,2 l Sahne · 1 Eßl. Zitronensaft

**Vollwertrezept**
**Berühmtes Rezept**

Pro Person etwa 2010 kJ/
480 kcal · 10 g Eiweiß
26 g Fett · 66 g Kohlenhydrate

Vorbereitungszeit: 40 Minuten
Garzeit: 1¼ Stunden
Zeit zum Erstarren: 3 Stunden

Den Reis in der Milch mit der Vanille, der Zitronenschale und 50 g Zuckerrohrgranulat bei schwacher Hitze 40 Minuten leicht kochen, dann in weiteren 30 Minuten zugedeckt ausquellen lassen. • Die Gelatine in dem kalten Wasser einweichen. • Die Aprikosen waschen, abtrocknen und grobhacken. Den Ingwer feinhacken. Die Mango dünn schälen, das Fruchtfleisch in Spalten vom Stein schneiden und würfeln. • Die Zitronenschale aus dem Reis nehmen und die Aprikosen- und die Ingwerwürfel mit dem Reis mischen. • Die Gelatine ausdrücken, unter den heißen Reis rühren und dabei auflösen. Zuletzt die Mangowürfel untermengen. • Den Reis kühl stellen, bis er beginnt, fest zu werden. • Die Sahne mit dem restlichen Zuckerrohrgranulat steif schlagen, mit dem Zitronensaft mischen und unter den Reis heben. Die Masse in eine kalt ausgespülte Form füllen und im Kühlschrank in 3 Stunden erstarren lassen. • Den Reis vor dem Servieren auf eine Platte stürzen.

# Kokosmilch-Gelee

Ein ganz besonderes Dessert für festliche Anlässe

- ⅛ l Milch
- 0,4 l Sahne
- 100 g Kokosraspel
- 4 Blätter Gelatine
- ¼ l Wasser
- 4 Eigelbe
- 50 g Zucker
- 2 Eiweiße
- 8 Löffelbiskuits
- 6 Eßl. Orangenlikör
- 1 ungespritzte Orange
- 2 Teel. Puderzucker

**Etwas schwierig**

Pro Person etwa 2930 kJ/
700 kcal · 23 g Eiweiß
71 g Fett · 32 g Kohlenhydrate

Zubereitungszeit: 1¼ Stunden
Zeit zum Kühlen: 2 Stunden

Die Milch mit der Hälfte der Sahne einmal aufkochen lassen, die Kokosraspel damit übergießen und zugedeckt 30 Minuten ziehen lassen. • Die Gelatine in dem kalten Wasser einweichen. • Die Eigelbe mit dem Zukker schaumig rühren. • Die Kokosraspel in einem Tuch ausdrükken und dabei durchkneten. Die Sahne-Milch auffangen, erhitzen, unter die Eigelbcreme mischen, diese im heißen Wasserbad cremig rühren. • Die Gelatine ausdrücken, in der warmen Creme auflösen und diese abkühlen lassen. • Die Eiweiße und die restliche Sahne steif schlagen. • Wenn die Creme zu stocken beginnt, Eischnee und Schlagsahne unter die Eigelbcreme ziehen und die Hälfte davon in eine Schüssel füllen. • Die Biskuits mit dem Likör tränken, auf die Creme legen, die restliche Creme darübergeben und 2 Stunden kühl stellen. • Die Hälfte der Orangenschale abreiben. • 3 Eßlöffel der Kokosraspel mit dem Puderzucker und der Orangenschale hellbraun rösten. • Die Orange filetieren. • Das Gelee mit Orangenfilets und den Kokosraspeln garnieren.

# Syllabub

Einst das Lieblingsdessert der englischen Königin Viktoria

| |
|---|
| 50 g Puderzucker |
| abgeriebene Schale von |
| 1 ungespritzten Zitrone |
| 8 Eßl. Sherry dry oder medium |
| ¼ l Sahne |
| 1 Teel. Zimtpulver |

**Berühmtes Rezept**
**Gelingt leicht**

Pro Person etwa 1090 kJ/
260 kcal · 2 g Eiweiß
20 g Fett · 15 g Kohlenhydrate

Zubereitungszeit: 10 Minuten
Zeit zum Kühlen: 2–12 Stunden

Den Puderzucker in eine hohe Rührschüssel sieben. • Die Hälfte der Zitronenschale mit dem Sherry, der Sahne und dem Zimtpulver zum Puderzucker geben und mit einem elektrischen Rührgerät so steif schlagen, daß von der Schlagsahne Spitzen fest nach oben stehen bleiben. • Die Schlagsahne in Dessertgläser füllen und mindestens 2 Stunden – besser 12 Stunden – im Kühlschrank durchziehen lassen. • Die noch nicht verwendete Zitronenschale in Alufolie gewickelt möglichst luftdicht verschlossen im Kühlschrank aufbewahren, damit sie nicht austrocknet. • Das Dessert vor dem Servieren mit der übrigen Zitronenschale bestreuen.

Unser Tip: Statt mit Sherry kann man Syllabub auch mit Weißwein, Portwein, Madeira- oder Marsalawein zubereiten. Gelegentlich wird Syllabub noch mit 1 bis 2 Schnapsgläsern Cognac aromatisiert . – Im England früherer Jahrhunderte wurde Syllabub als erste Stärkung am Morgen gereicht. Damals bereitete man die süße Speise allerdings nicht mit Sahne, sondern man molk Milch direkt in ein Gefäß, in dem sich bereits etwas Sherry befand.

# Italienische Dessert-Hits

Sie gehören auch außerhalb Italiens zu den beliebtesten Nachspeisen

## Zabaione

im Bild links

4 Eßl. Puderzucker
4 Eigelbe
12 Eßl. trockener Marsalawein

**Berühmtes Rezept • Schnell**

Pro Person etwa 735 kJ/
175 kcal · 8 g Eiweiß
10 g Fett · 12 g Kohlenhydrate

Zubereitungszeit: 30 Minuten

Den Puderzucker sieben. • Das Wasser für das Wasserbad in einem flachen Topf bis kurz vor den Siedepunkt erhitzen. • In einer möglichst hohen Schüssel die Eigelbe im Wasserbad mit dem Puderzucker schaumig rühren und nach und nach unter ständigem Weiterrühren mit dem Schneebesen oder mit einem elektrischen Rührgerät den Marsalawein unter die Eigelbmasse schlagen, bis die Weincreme gut schaumig ist. • Die Weinschaumcreme entweder noch warm in Gläser füllen und sofort servieren oder aus dem Wasserbad nehmen und vor dem Servieren noch so lange rühren, bis die Creme kalt ist. • Feines Gebäck wie Makrönchen oder Hohlhippen zur Creme reichen.

Unser Tip: Das Wasserbad darf während des gesamten Rührvorgangs keinesfalls zum Kochen kommen. Zur Vorsicht stellt man sich ein Glas kaltes Wasser neben den Herd und reguliert die Temperatur des Wasserbades nötigenfalls durch die Zugabe von etwas kaltem Wasser.

## Tirami su

im Bild rechts

Zutaten für 8 Personen:
150 g Löffelbiskuits
⅛–¼ l Espresso oder starker Kaffee
4 Eigelbe
100 g Puderzucker
2 Eßl. Amaretto (italienischer Mandellikör)
500 g Mascarpone (italienischer Frischkäse)
2 Eßl. schwach entöltes Kakaopulver

**Spezialität aus Italien**
**Etwas teurer**

Pro Person etwa 2180 kJ/
520 kcal · 18 g Eiweiß
38 g Fett · 26 g Kohlenhydrate

Zubereitungszeit: 30 Minuten
Zeit zum Kühlen: 3 Stunden

Den Boden einer quadratischen oder rechteckigen Form mit der Hälfte der Löffelbiskuits auslegen und diese wiederholt mit dem Espresso bepinseln. Die Biskuits sollen gut getränkt, aber nicht schwammig sein. • Die Eigelbe mit dem Puderzucker und dem Amaretto schaumig rühren und nach und nach den Mascarpone unter die Eigelbcreme mischen. • Eine Schicht Mascarponecreme auf die Biskuits streichen, die restlichen Löffelbiskuits darauflegen und diese wiederum mehrmals mit Espresso bepinseln. • Die restliche Creme auf die Biskuits verteilen und mit dem Kakaopulver besieben. • Tirami su mindestens 3 Stunden in den Kühlschrank stellen.

Unser Tip: Statt mit Amaretto kann man die Eigelbcreme auch mit ½ Teelöffel gemahlener Vanille parfümieren. – Das Dessert läßt sich gut vorbereiten; man läßt es über Nacht im Kühlschrank durchziehen.

# Melonen, raffiniert serviert

Das feine Melonenaroma kommt hier köstlich zur Geltung

## Melone mit Pfirsichcreme

im Bild links

| |
|---|
| 1 Honigmelone von etwa 600 g |
| 4 Eßl. Sherry medium |
| 500 g reife gelbe Pfirsiche |
| 2 Eßl. Zitronensaft |
| ½ Vanilleschote |
| 1 Eßl. Zucker |
| 0,2 l Sahne |

**Gelingt leicht • Schnell**

Pro Person etwa 1090 kJ/
260 kcal · 3 g Eiweiß
16 g Fett · 24 g Kohlenhydrate

Zubereitungszeit: 20 Minuten

Die Melone halbieren, von den Kernen befreien, schälen, in Spalten teilen und mit dem Sherry beträufeln. • Die Pfirsiche mit einer Gabel mehrmals einstechen, in kochendheißes Wasser tauchen, häuten, halbieren, die Steine entfernen, die Pfirsiche in Stücke schneiden und mit dem Zitronensaft im Mixer pürieren oder durch ein Haarsieb streichen. • Die Vanilleschote längs aufschneiden, das Mark herausschaben, mit dem Zucker unter die Sahne mischen und diese mit dem Schneebesen cremig schlagen. • Das Fruchtpüree auf vier Dessertteller verteilen, die Sahne darübergeben und mit einem Holzspießchen spiralförmig untermischen. • Die marinierten Melonenspalten daneben anrichten. • Das Dessert sofort servieren.

Unser Tip: Wie man Cremespeisen oder Fruchtpürees mit Saucen attraktiv verziert, ist auf Seite 16 in Text und Bild beschrieben.

## Melonen »bavaroise«

im Bild rechts

| |
|---|
| 2 Zuckermelonen von je 400 g |
| 50 g Zucker · ⅛ l Sherry dry |
| 4 Blätter Gelatine |
| ¼ l Wasser |
| ½ Vanilleschote |
| 1 gehäufter Eßl. Puderzucker |
| 0,4 l Sahne |

**Etwas teurer**
**Braucht etwas Zeit**

Pro Person etwa 1820 kJ/
435 kcal · 5 g Eiweiß
32 g Fett · 30 g Kohlenhydrate

Zubereitungszeit: 40 Minuten
Marinierzeit: 1 Stunde
Zeit zum Erstarren: 1–2 Stunden

Die Melonen waschen, abtrocknen, halbieren und die Kerne entfernen. • Das Fruchtfleisch mit einem Löffel aus den Melonen schaben, so daß nur ein 1 cm breiter Rand in den Melonenhälften zurückbleibt. Die Melonenhälften mit der Öffnung nach unten abtropfen lassen. • Den Zucker mit dem Sherry mischen, über das Fruchtfleisch gießen und dieses zugedeckt 1 Stunde marinieren lassen. • Die Gelatine in dem kalten Wasser einweichen. • Die Vanilleschote längs aufschneiden, das Mark herausschaben und mit dem Puderzucker unter die Sahne rühren. • Die Hälfte des Fruchtfleisches abtropfen lassen, kleinwürfeln und kalt stellen. • Das restliche Melonenfleisch mit der Marinierflüssigkeit im Mixer pürieren oder durch ein Haarsieb streichen. • Die Gelatine abtropfen lassen, in einem Schöpflöffel im heißen Wasserbad auflösen und eßlöffelweise das Melonenpüree untermischen. • Die Sahne steif schlagen und mit den Melonenwürfeln dann unter das Fruchtpüree mischen, wenn dieses gerade zu stocken beginnt. Die Creme in die Melonenhälften füllen und im Kühlschrank erstarren lassen.

# Pfirsichtörtchen mit Nougatböden

Schmecken am besten mit vollreifen Pfirsichen

| |
|---|
| 6 Zwiebäcke |
| ½ Teel. Zimtpulver |
| 125 g Nußnougat |
| 2 reife Pfirsiche |
| ¼ Vanilleschote |
| 75 g Zucker |
| Saft und abgeriebene Schale von 1 ungespritzten Zitrone |
| ⅛ l Sherry fino |
| 3 Blätter Gelatine |
| ⅛ l Wasser |
| 200 g Doppelrahm-Frischkäse |
| 0,2 l Sahne |
| 25 g gehackte Pistazien |

**Etwas schwierig**

Pro Person etwa 3100 kJ/
740 kcal · 13 g Eiweiß
44 g Fett · 61 g Kohlenhydrate

Zubereitungszeit: 30 Minuten
Zeit zum Erstarren: 2 Stunden

Aus extra starker Alufolie 4 doppelt gefaltete Streifen von 4 cm × 30 cm schneiden, Ringe von 8 cm Durchmesser formen, diese mit Plastik-Büroklammern zusammenstecken und auf eine Platte legen. • Die Zwiebäkke mit dem Nudelholz zerdrücken und mit dem Zimt mischen. • Den Nougat im heißen Wasserbad zerlassen, mit den Bröseln mischen, in die Ringe verteilen und zu Böden mit kleinem Rand formen. • Die Pfirsiche überbrühen, häuten, halbieren und die Steine entfernen. • Die Vanilleschote längs aufschneiden und mit dem Zucker, dem Zitronensaft, der -schale sowie dem Sherry mischen. Die Pfirsichhälften darin zugedeckt 5 Minuten dünsten. • Die Gelatine in dem kalten Wasser einweichen. • Den Frischkäse mit 3 Eßlöffeln vom Pfirsichfond glattrühren. • Die Gelatine ausdrücken, in dem restlichen Pfirsichfond auflösen. • Die Sahne steif schlagen. Die Gelatineflüssigkeit unter den Frischkäse rühren, die Schlagsahne unterheben und die Creme auf die Nougatböden verteilen. Je 1 Pfirsichhälfte in Spalten darauflegen. Die Creme im Kühlschrank erstarren lassen. • Die Folienstreifen abnehmen und die Ränder mit den Pistazien garnieren.

# Exklusive Desserts mit Früchten

Bei der Wahl der Früchte läßt man sich am besten vom Angebot der Saison inspirieren

## Dialog der Früchte

im Bild links

| |
|---|
| 1 Eigelb |
| 2 Eßl. Vanillezucker |
| ½ Vanilleschote |
| 1 Eßl. Speisestärke |
| ¼ l warme Milch |
| 3 Kiwis |
| 1 Mango |
| 300 g Brombeeren |
| 300 g Himbeeren |
| 2 Eßl. Puderzucker |
| 1 Eßl. Aprikosenlikör |
| 2 Eßl. Himbeergeist |

**Etwas teurer**

Pro Person etwa 1210 kJ/
290 kcal · 8 g Eiweiß
6 g Fett · 44 g Kohlenhydrate

Zubereitungszeit: 45 Minuten

Das Eigelb mit dem Vanillezukker und 1 Eßlöffel warmem Wasser schaumig rühren. • Die Vanilleschote längs aufschneiden, das Mark in die Eigelbcreme schaben und mit der Speisestärke und der Milch unterrühren. Die leeren Schotenhälften hinzufügen, alles unter ständigem Rühren erhitzen und ebenso abkühlen lassen. • Die Kiwis schälen und in Stücke schneiden. Die Mango ebenfalls schälen und in Spalten vom Stein schneiden. Die Brombeeren und die Himbeeren waschen und auf Küchenpapier abtropfen lassen. • Jede Obstsorte im Mixer pürieren, durch ein Haarsieb streichen und mit ½ Eßlöffel Puderzucker verrühren. • Das Mangopüree mit dem Aprikosenlikör, das Himbeerpüree mit dem Himbeergeist mischen. • Die Fruchtpürees nebeneinander auf vier weiße Teller verteilen und mit einem Holzspießchen kleeblattförmig ineinander verlaufen lassen. Die abgekühlte Vanillesauce jeweils in die Mitte geben und das Dessert sofort servieren.

## Champagner-Birnen

im Bild rechts

| |
|---|
| 4 reife Birnen |
| ½ l roter Champagner |
| 100 g Zucker |
| ½ Stange Zimt |
| 1 kleines Stück ungespritzte Zitronenschale |
| ½ Vanilleschote |
| 0,2 l Sahne |

**Etwas teurer**
**Gelingt leicht**

Pro Person etwa 1800 kJ/
430 kcal · 2 g Eiweiß
16 g Fett · 47 g Kohlenhydrate

Zubereitungszeit: 30 Minuten
Zeit zum Kühlen: 1 Stunde

Die Birnen schälen, die Stiele dabei an den Früchten lassen. • Den Champagner mit 75 g Zucker, der Zimtstange und der Zitronenschale zum Kochen bringen und die Birnen darin bei schwacher Hitze zugedeckt 20 Minuten dünsten. • Inzwischen die Vanilleschote längs aufschneiden, das Mark herausschaben, mit dem übrigen Zucker zur Sahne geben und diese steif schlagen. • Die Schlagsahne in einen Spritzbeutel mit Sterntülle füllen und in den Kühlschrank legen. • Die Birnen im Sud abkühlen lassen; dabei öfter wenden, dann auf Dessertteller stellen. • Den Sud im offenen Topf gut zur Hälfte einkochen, dann abkühlen lassen und über die Birnen gießen. • Die Schlagsahne um die Birnen spritzen.

# Zarte Cremes mit Früchten

Sie sind weltweit beliebt und lassen sich leicht variieren

## Aprikosencreme

im Bild links

- 4 Blätter Gelatine
- ¼ l Wasser
- 750 g vollreife Aprikosen
- 50 g Zucker
- 1 Eßl. Zitronensaft
- je ⅛ l Weißwein und Wasser
- 2 Eßl. Aprikosenlikör
- ¼ l Sahne
- 1 Eßl. Eierlikör

**Gelingt leicht**

Pro Person etwa 1680 kJ/ 400 kcal · 5 g Eiweiß 20 g Fett · 39 g Kohlenhydrate

Zubereitungszeit: 45 Minuten
Zeit zum Kühlen: 2 Stunden

Die Gelatine in dem kalten Wasser einweichen. • Die Aprikosen waschen, abtrocknen, halbieren und die Steine entfernen. 1 bis 2 Früchte zum Garnieren beiseite legen. • Den Zucker mit dem Zitronensaft, dem Wein und dem Wasser zum Kochen bringen. Die Aprikosen darin zugedeckt in 10 Minuten weich dünsten und mit der Dünstflüssigkeit im Mixer pürieren oder durch ein Haarsieb streichen. • Das Püree mit dem Aprikosenlikör mischen. • Die Gelatine ausdrücken und im heißen Püree auflösen. Das Püree kühl stellen, bis es zu gelieren beginnt. • Die Sahne steif schlagen, die Hälfte davon mit dem Schneebesen unter die halbfeste Fruchtmasse ziehen, die Creme in Dessertgläser füllen und in den Kühlschrank stellen. • Die übrige Sahne mit dem Eierlikör mischen und vor dem Servieren über die Aprikosencreme streichen. Das Dessert mit Aprikosenspalten garnieren.

## Zitronencreme

im Bild rechts

- 4 Eier
- 5 Eßl. Zucker
- abgeriebene Schale von
- 1 ungespritzten Zitrone
- 1 Päckchen gemahlene Gelatine
- Saft von 2 Zitronen
- ⅛ l Sahne
- 4 Eßl. Borkenschokolade

**Spezialität aus Dänemark**
**Gelingt leicht**

Pro Person etwa 1470 kJ/ 360 kcal · 16 g Eiweiß 24 g Fett · 20 g Kohlenhydrate

Zubereitungszeit: 30 Minuten
Zeit zum Erstarren: 3 Stunden

Die Eier in Eigelbe und Eiweiße trennen. Die Eigelbe mit dem Zucker und der Zitronenschale schaumig rühren. • Die Gelatine von Wasser bedeckt 10 Minuten quellen lassen. • Den Zitronensaft in einem kleinen Topf erhitzen, aber nicht kochen lassen. Den Topf vom Herd nehmen, die gequollene Gelatine in den Saft rühren und etwas abkühlen lassen. • Den Zitronensaft unter die Eigelbmasse rühren. • Die Eiweiße zu steifem Schnee schlagen, über die Eigelbmasse füllen und mit einem kleinen Rührlöffel unterheben. • Die Creme in vier Portionsgläser füllen und im Kühlschrank erstarren lassen. • Die Sahne steif schlagen, in einen Spritzbeutel mit Sterntülle füllen und vor dem Servieren jede Portion mit 1 Sahnerosette verzieren. Die Rosetten mit der Borkenschokolade garnieren.

# Mini-Savarins

Die kleinen Hefekuchen können noch zusätzlich mit frischem Obst gefüllt werden

Zutaten für 18 Ringförmchen von 8 cm Durchmesser:
250 g Mehl · 10 g Hefe
200 g Zucker
0,1 l lauwarme Milch
4 Eier · 1 Prise Salz
100 g Butter
¼ l Wasser
abgeriebene Schale von 1 ungespritzten Zitrone
6 Eßl. Rum
⅛ l trockener Weißwein
¼ l Sahne
Für die Förmchen: Butter und Mehl

**Braucht etwas Zeit**

Pro Savarin etwa 920 kJ/220 kcal · 5 g Eiweiß
12 g Fett · 20 g Kohlenhydrate

Zubereitungszeit: 2 Stunden
Backzeit: 20 Minuten

Die Ringförmchen mit Butter ausstreichen und mit Mehl ausstäuben. • Das Mehl in eine Schüssel schütten, in die Mitte eine Mulde drücken, die Hefe hineinbröckeln und diese mit 1 Teelöffel Zucker, der Milch und etwas Mehl verrühren. Den Vorteig zugedeckt 20 bis 30 Minuten bei Raumtemperatur gehen lassen. • Die Eier mit 50 g Zucker und dem Salz schaumig rühren. • Die Butter schmelzen und wieder etwas abkühlen lassen, unter die Eimasse rühren und diese mit dem Vorteig und dem gesamten Mehl zu einem zähflüssigen Teig schlagen und weitere 30 Minuten gehen lassen. • Die Förmchen zur Hälfte mit dem Hefeteig füllen. Den Teig zugedeckt nochmals 20 Minuten gehen lassen. • Den Backofen auf 200° vorheizen. • Die Savarins auf der mittleren Schiene etwa 20 Minuten backen, dann abkühlen lassen und aus den Förmchen stürzen. • Das Wasser mit der Zitronenschale und dem übrigen Zucker erhitzen. Den Topf vom Herd nehmen, den Rum und den Wein untermischen. • Die Savarins mit der runden Seite nach unten in die Fettpfanne des Backofens legen und mit dem Weinsirup tränken. • Die Sahne steif schlagen und die Savarins mit Sahnerosetten füllen.

# Feine Gelees mit exotischen Früchten

Wenn diese Früchte angeboten werden, sollte man unbedingt zugreifen

## Weingelee mit Kapstachelbeeren

im Bild links

| |
|---|
| 8 Blätter Gelatine |
| ¼ l Wasser |
| 450 g Kapstachelbeeren |
| 4 Eßl. Puderzucker |
| 150 g Zucker |
| ⅛ l frisch gepreßter Zitronensaft |
| ⅜ l trockener Weißwein |

**Braucht etwas Zeit**
**Etwas teurer**

Pro Person etwa 1300 kJ/ 310 kcal · 8 g Eiweiß
0 g Fett · 63 g Kohlenhydrate

Zubereitungszeit: 40 Minuten
Zeit zum Erstarren: 4 Stunden

Die Gelatine in dem Wasser einweichen. • Von den Kapstachelbeeren die Blatthüllen entfernen, die Beeren waschen, abtrocknen und mit einer Nadel mehrmals einstechen. Die Beeren mit dem Puderzucker besieben, darin wenden und zugedeckt ziehen lassen. • Den Zucker mit dem Zitronensaft verrühren und in einem flachen Topf bei schwacher Hitze unter Rühren erwärmen, bis sich der Zucker gelöst hat. • Die Gelatine ausdrücken und in den heißen Zitronensaft mischen; den Zitronensaft keinesfalls kochen lassen. • Den Topf vom Herd nehmen und den Wein nach und nach unter den Zitronensaft rühren. • Alles unter öfterem Umrühren abkühlen lassen. Sobald die Flüssigkeit zu gelieren beginnt, die Beeren mit dem Puderzucker daruntermischen. Das Dessert in eine kalt ausgespülte Schale füllen und zugedeckt im Kühlschrank erstarren lassen. • Die Schüssel vor dem Servieren kurz in heißes Wasser tauchen, den Rand des Gelees mit einem Messer von der Schüssel lösen, das Gelee auf eine Platte stürzen und bald servieren.

## Orangengelee mit Papayas

im Bild rechts

| |
|---|
| 8 Blätter Gelatine |
| ¼ l Wasser |
| ½ l frisch gepreßter Saft von Blutorangen |
| 150 g Zucker |
| 2 reife Papayas |
| 1 Eßl. Zitronensaft |

**Braucht etwas Zeit**
**Etwas teurer**

Pro Person etwa 1210 kJ/ 290 kcal · 6 g Eiweiß
0 g Fett · 63 g Kohlenhydrate

Zubereitungszeit: 40 Minuten
Zeit zum Erstarren: 4 Stunden

Die Gelatine in dem Wasser einweichen. • Den Orangensaft mit dem Zucker verrühren, bis sich der Zucker gelöst hat. • Die Papayas halbieren, die Kerne entfernen, das Fruchtfleisch mit einem Kugelausstecher oder einem Mokkalöffel auslösen, mit dem Zitronensaft beträufeln und zugedeckt beiseite stellen. • Knapp 1 Tasse vom Orangensaft erhitzen. Die Gelatine ausdrücken und in dem heißen Saft auflösen, diesen nicht kochen lassen. Den Topf von Herd nehmen und nach und nach den restlichen Orangensaft unterrühren. Das Gelee unter öfterem Umrühren abkühlen lassen und kurz vor dem Gelieren die Papayastücke untermischen. • Eine Schale kalt ausspülen, das Gelee einfüllen und zugedeckt im Kühlschrank erstarren lassen. • Vor dem Servieren die Schüssel kurz in heißes Wasser tauchen, den Rand des Gelees mit einem Messer von der Schüssel lösen und das Gelee auf eine Platte stürzen.

# Himbeercharlotte

Ein klassischer Nachtisch, dessen Qualität sehr von der Frische der Beeren abhängt

| |
|---|
| Zutaten für 1 Schüssel von 18 cm Durchmesser: |
| Für die Charlotte: |
| 350 g Crème fraîche |
| 400 g Himbeeren |
| 5 Blätter Gelatine |
| ⅛ l Wasser |
| 1 Vanilleschote |
| ⅛ l Milch |
| 1 Prise Salz |
| 4 Eßl. Zucker |
| 4 Eigelbe |
| 1 Teel. Butter |
| 1 Teel. Zucker |
| 21 Löffelbiskuits |
| Für die Sauce: |
| 400 g Himbeeren |
| 2 Eßl. Puderzucker |
| 1 Eßl. Zitronensaft |
| 2 cl Himbeergeist (1 Schnapsglas) |

**Etwas schwierig**
**Berühmtes Rezept**

Bei 8 Portionen pro Person etwa 2180 kJ/520 kcal · 13 g Eiweiß 34 g Fett · 39 g Kohlenhydrate

Zubereitungszeit: 1 Stunde
Zeit zum Kühlen: 12 Stunden

Die Crème fraîche in den Kühlschrank stellen, da sie gut gekühlt verwendet werden muß. • Die Himbeeren in stehendem Wasser waschen und alle Schmutzteilchen von der Wasseroberfläche entfernen. Die Himbeeren dann in einem Sieb abtropfen lassen. • Die Gelatine in dem kalten Wasser einweichen. • Die Vanilleschote längs aufschneiden und das Mark mit einem Messer herausschaben. • Die Milch mit dem Vanillemark und den Schotenhälften, dem Salz und dem Zucker unter ständigem Rühren zum Kochen bringen, vom Herd nehmen und die Eigelbe nacheinander in die heiße Milch rühren. Die Milch erneut auf der Herdplatte so lange rühren, bis die Masse sämig wird. Die Creme jedoch keinesfalls kochen lassen. • Die Gelatine ausdrükken, in die heiße Creme rühren und diese abkühlen lassen, dabei öfter umrühren. • Die Creme dann im Kühlschrank fest werden lassen. • Den Boden und den Rand der Schüssel mit der Butter ausstreichen und mit dem Zucker ausstreuen. Die Biskuits senkrecht mit der runden Seite nach außen an den Schüsselrand legen, 1 Biskuit zurückbehalten. • Die Crème fraîche mit dem Schneebesen verquirlen. Die Eiercreme ebenfalls verquirlen und in kleinen Portionen mit der Crème fraîche mischen. • Ein Drittel der Creme in die Schüssel mit den Biskuits füllen und darauf die Hälfte der Himbeeren verteilen. Darüber wieder Creme geben und die restlichen Himbeeren daraufstreuen. Die übrige Creme über die Himbeeren streichen. • Den übrigen Löffelbiskuit zerkrümeln und über die Creme streuen. • Die Form zugedeckt 12 Stunden in den Kühlschrank stellen. • Die zweite Portion Himbeeren kurz vor dem Servieren der Charlotte waschen, abtropfen lassen und etwa 20 Beeren zum Garnieren zurückbehalten. • Die restlichen Beeren entweder durch ein Haarsieb streichen und mit dem Puderzucker, dem Zitronensaft und dem Himbeergeist verrühren oder alles im Mixer pürieren. • Vor dem Servieren die Schüssel mit der Creme kurz in heißes Wasser tauchen, die Creme auf eine Platte stürzen und die Oberseite mit den zurückbehaltenen Himbeeren garnieren. Die Fruchtsauce gesondert zur Charlotte reichen.

# Eiskalte Köstlichkeiten

Von den einfachen Grundrezepten
bis zu exklusiven Torten und
ganz neuen, originellen Kompositionen:
Anregungen genug für viele
heiße Sommertage

# Vanille-Eiscreme aus der Maschine

Das Ergebnis kann sich mit der feinen Konditor-Eiscreme messen

| Zutaten für 8 Personen: |
|---|
| 1 Vanilleschote |
| 1 Ei · 5 Eigelbe |
| 150 g Zucker |
| 1 Messerspitze Salz |
| 4 Eßl. Orangenblütenwasser |
| ½ l Milch · ¼ l Sahne |
| 1 Eßl. kandierte Veilchen |

**Berühmtes Rezept**
**Braucht etwas Zeit**

Pro Person etwa 1470 kJ/
350 kcal · 14 g Eiweiß
33 g Fett · 23 g Kohlenhydrate

Zubereitungszeit: 1 Stunde
Zeit zum Gefrieren: 20 Minuten

Die Vanilleschote längs aufschneiden und das Mark herausschaben. • Das Ei, die Eigelbe, die Hälfte des Zuckers, das Vanillemark, das Salz und das Orangenblütenwasser in einer Metallschüssel im heißen Wasserbad mit den elektrischen Rührquirlen cremig schlagen. • Die Milch, die Sahne und den restlichen Zucker unter ständigem Umrühren einmal aufkochen lassen und langsam unter ständigem Weiterschlagen mit den Quirlen in die Ei-Zucker-Mischung im Wasserbad rühren. Die Masse dann unter öfterem Umrühren im kalten Wasserbad, mit Eiswürfeln versehen, abkühlen lassen. • Die kalte Masse in die Eismaschine füllen und darin nach Vorschrift in der Gebrauchsanweisung gefrieren lassen, bis das Eis dickcremig ist. Das dauert etwa 20 Minuten. • Das Eis mit dem Kugelportionierer in Glasschalen füllen, mit den kandierten Veilchen garniert servieren.

Unser Tip: In den Konditoreien erhitzte man früher die Eismasse, bevor sie abgekühlt wurde, auf 85°. Wurde ein wenig von der Creme in der richtigen Konsistenz in einer Kochlöffelmulde angeblasen, mußte sie spitze Wellen erzeugen. Diesen Vorgang nannte man in der Fachsprache »zur Rose abziehen«. In unserem Rezept ist dies nicht mehr nötig. Wichtig ist nur das konstante Weiterrühren und das Gefrieren in der Eismaschine.

# Eiscreme mit Nüssen und Schokolade

Ebenfalls in der Eismaschine nach dem klassischen Rezept zubereitet

## Nuß-Eiscreme

im Bild links

| Zutaten für 8 Personen: |
|---|
| 100 g Haselnußkerne |
| ½ Vanilleschote |
| 1 Ei |
| 4 Eigelbe |
| 150 g Zucker |
| ½ l Milch |
| ¼ l Sahne |
| 100 g Nußnougat |

**Berühmtes Rezept**
**Braucht etwas Zeit**

Pro Person etwa 2300 kJ/ 550 kcal · 15 g Eiweiß 40 g Fett · 33 g Kohlenhydrate

Zubereitungszeit: 1¼ Stunden
Zeit zum Gefrieren: 20 Minuten

Die Haselnüsse in einer trokkenen Pfanne unter ständigem Umwenden rösten, bis die braunen Häutchen aufplatzen. • Die Nüsse dann zwischen einem Küchentuch reiben, bis alle Häutchen entfernt sind. Die Nüsse mahlen oder feinhacken. • Die Vanilleschote längs aufschneiden und das Mark herausschaben. • Das Ei, die Eigelbe, die Hälfte des Zuckers und das Vanillemark in einer Metallschüssel im heißen Wasserbad mit den elektrischen Quirlen cremig schlagen. • Die Milch, die Sahne und den restlichen Zucker unter ständigem Rühren aufkochen lassen und den grob zerkleinerten Nougat darin auflösen. • Die kochendheiße Flüssigkeit langsam unter ständigem Weiterschlagen mit den Quirlen unter die Ei-Zucker-Mischung im Wasserbad rühren. Die zerkleinerten Haselnüsse unter die Creme mischen und im kalten Wasserbad, mit Eiswürfeln versehen, abkühlen lassen. • Die kalte Masse in die Eismaschine füllen und darin nach Vorschrift in der Gebrauchsanweisung dickcremig gefrieren lassen. Das dauert etwa 20 Minuten.

## Schokoladen-Eiscreme

im Bild rechts

| Zutaten für 8 Personen: |
|---|
| 225 g zartbittere Schokolade |
| 2 Eier |
| 2 Eigelbe |
| 100 g Zucker |
| ¾ l Milch |
| 1 gehäufter Teel. |
| Instant-Kaffeepulver |
| 2 Eßl. Orangenlikör |

**Berühmtes Rezept**
**Braucht etwas Zeit**

Pro Person etwa 1590 kJ/ 380 kcal · 12 g Eiweiß 23 g Fett · 32 g Kohlenhydrate

Zubereitungszeit: 40 Minuten
Zeit zum Gefrieren: 20 Minuten

Die Schokolade in kleine Stükke schneiden. • Die Eier, die Eigelbe und die Hälfte des Zukkers in einer Metallschüssel im heißen Wasserbad mit den elektrischen Quirlen cremig schlagen. • Die Milch mit dem restlichen Zucker unter Umrühren aufkochen lassen. Die Schokolade und den Pulverkaffee in der Milch auflösen. • Die kochendheiße Milch langsam unter ständigem Rühren mit den Quirlen unter die Ei-Zucker-Masse im Wasserbad mischen und im kalten Wasserbad, mit Eiswürfeln versehen, abkühlen lassen. • Die kalte Creme dann in die Eismaschine füllen und nach Vorschrift in der Gebrauchsanweisung dickcremig gefrieren lassen. Zuletzt den Orangenlikör in die noch laufende Eistrommel gießen und in 2 bis 3 Minuten unter die Eiscreme mischen.

Unser Tip: Nach Belieben das Eis mit gehackten Haselnüssen, geriebener Schokolade oder Borkenschokolade garnieren.

# Rotwein-Eiscreme

Ein ungewöhnliches und vollwertiges Eisdessert

Zutaten für 8 Förmchen von
0,2 l Inhalt:
2 Blätter Gelatine
⅛ l Wasser
4 Eigelbe
150 g Zuckerrohrgranulat
⅛ l trockener Rotwein
abgeriebene Schale von
½ ungespritzten Orange
1 Teel. Zimtpulver
1 Prise gemahlene
Gewürznelken
2 Eiweiße
0,2 l Sahne

**Etwas schwierig**
**Vollwertrezept**

Pro Person etwa 1510 kJ/
360 kcal · 12 g Eiweiß
24 g Fett · 19 g Kohlenhydrate

Zubereitungszeit: 1 Stunde
Zeit zum Gefrieren: 5 Stunden

Die Gelatine in dem kalten Wasser einweichen. • Die Eigelbe mit 100 g Zuckerrohrgranulat, dem Rotwein, der Orangenschale, ½ Teelöffel Zimt und dem Nelkenpulver in einer Schüssel verrühren. Die Schüssel muß in einem Topf, der mit heißem Wasser gefüllt ist, stehen können, ohne daß vom Wasserbad etwas in die Creme gelangt. • Die Schüssel ins heiße Wasserbad stellen und die Masse mit einem Schneebesen ständig schnell schlagen, während das Wasser kocht, so daß sich ein fester Schaum bildet; die Masse in der Schüssel darf aber keinesfalls zum Kochen kommen. • Sobald der Schaum fest und heiß ist, die Schüssel aus dem Wasserbad nehmen. Die Gelatine ausdrücken und unter den Schaum rühren, bis sie sich völlig aufgelöst hat. • Den Schaum dann kalt werden lassen und dabei öfter mit dem Schneebesen durchrühren. • Die Eiweiße halbsteif schlagen. Etwa ein Drittel vom restlichen Zuckerrohrgranulat langsam in das Eiweiß rieseln lassen und weiterschlagen, bis ein steifer, glänzender Eischnee entstanden ist. • Die Sahne ebenfalls halbsteif schlagen, das zweite Drittel vom übrigen Zuckerrohrgranulat langsam einrieseln lassen und die Sahne dann steif schlagen. • Den Eischnee und die Schlagsahne unter den abgekühlten Weinschaum heben. • Den Weinschaum in die Förmchen füllen, glattstreichen und in 5 Stunden im Gefriergerät bei mindestens –18 ° zu Eis gefrieren lassen. • Das restliche Zuckerrohrgranulat mit dem übrigen Zimtpulver vermengen und den Zimtzucker vor dem Servieren über das Eis streuen.

Unser Tip: Diese Eiscreme stellt eine besondere geschmackliche Bereicherung für Eisbecher mit gemischtem Eis dar. Auch als Krönung eines erfrischenden Fruchtsalates empfiehlt sich pro Portion 1 Kugel davon. Wenn Schlagsahne auf das Eis gespritzt wird, mischt man den Zimtzucker vor dem Schlagen unter die Sahne. – Ist das Eis für eine Kinderparty bestimmt, so wird der Rotwein durch frisch gepreßten Orangensaft – am besten von Blutorangen – oder durch frisch gepreßten Saft aus frischen Himbeeren ersetzt.

# Himbeer-Eisbombe

Dekorativer, traditioneller Abschluß eines Festmenüs

| |
|---|
| Zutaten für 1 Eisbombenform von 1,4 l Inhalt: |
| 400 g Himbeeren |
| 5 Eßl. Himbeergeist |
| 2 Eßl. Zucker · ½ l Sahne |
| 4 Eier · 100 g Zucker |
| 1 Prise Salz · 2 Eßl. Vanillezucker |
| 50 g zartbittere Schokolade |
| 1 Teel. Kakaopulver |
| Zum Garnieren: ⅛ l Sahne |
| 50 g kandierte Früchte |

**Berühmtes Rezept**

Bei 8 Portionen pro Person etwa 1970 kJ/470 kcal · 9 g Eiweiß 37 g Fett · 35 g Kohlenhydrate

Zubereitungszeit: 1 Stunde
Zeit zum Gefrieren: 14 Stunden

Die Himbeeren waschen, abtropfen lassen, die Hälfte mit dem Himbeergeist mischen und zugedeckt ziehen lassen. • Die übrigen Himbeeren mit dem Zukker vermengen. • Die Sahne steif schlagen. Die Eier mit dem Zukker und dem Salz im heißen Wasserbad dickcremig rühren. Die Schlagsahne unterziehen. • Ein Drittel der Creme mit dem Vanillezucker mischen, in eine Metallschale füllen und im Gefriergerät fest werden lassen. • Die Schokolade feinreiben und mit dem Kakaopulver unter das zweite Drittel der Creme rühren. • Die gezukkerten Himbeeren durch ein Sieb streichen. Die restliche Creme mit den pürierten Himbeeren vermengen. Beide Cremes in je einer Metallschüssel ebenfalls im Gefriergerät fest werden lassen. • Eine gut gekühlte Eisbombenform mit der halbgefrorenen Vanillecreme ausstreichen und 30 Minuten ins Gefriergerät stellen. • Die Schokoladencreme auf die Vanillecreme streichen, ebenfalls 30 Minuten gefrieren lassen und mit der Himbeercreme abschließen. • In die Mitte der letzten Schicht eine Vertiefung schaben, die marinierten Himbeeren hineinfüllen, mit der herausgeschabten Creme zustreichen. • Die Eisbombe etwa 12 Stunden gefrieren lassen. • Die Sahne steif schlagen. Die kandierten Früchte würfeln. Die Eisbombe stürzen und damit garnieren.

# Belle Hélène

Die Birne »schöne Helene« hat sich weltweit einen Namen gemacht

- ⅛ l Wasser
- 1 Eßl. Zucker
- ½ Zimtstange
- 1 Eßl. Zitronensaft
- 2 große Birnen
- 100 g Blockschokolade
- 0,2 l Sahne
- 1 Eßl. Cognac
- 500 g Vanille-Eiscreme
- 12 kandierte Veilchen

**Berühmtes Rezept**
**Gelingt leicht**

Pro Person etwa 2600 kJ/
620 kcal · 7 g Eiweiß
53 g Fett · 66 g Kohlenhydrate

Zubereitungszeit: 40 Minuten

Das Wasser mit dem Zucker, dem Zimt und dem Zitronensaft zugedeckt leicht kochen lassen. • Die Birnen waschen, abtrocknen, schälen, halbieren und die Kerngehäuse herausschneiden. Die Birnenhälften je nach Größe und Reifegrad 8 bis 12 Minuten bei schwacher Hitze zugedeckt dünsten und im Sud kalt werden lassen. • Die Schokolade in kleine Stücke schneiden und mit der Sahne unter ständigem Umrühren bei schwacher Hitze schmelzen lassen. Die Schokoladensauce vom Herd nehmen und den Cognac untermischen. • In vier Dessertschalen je 1 Birnenhälfte mit der Höhlung nach oben legen. 4 große Kugeln Eis darauf verteilen. Die warme Schokoladensauce über die Birnen gießen. • Die Dessertportionen mit den kandierten Veilchen garnieren.

Unser Tip: Die kandierten Veilchen sind die klassische Garnitur für dieses Dessert. Man kann sie aber auch weglassen und nach Belieben feingewürfelten kandierten Ingwer unter die Schokoladensauce mischen.

# Pfirsich Melba

Original mit Himbeeren, aber auch mit Johannisbeeren ein Gedicht

- 400 g Himbeeren oder Johannisbeeren
- 2 Eßl. Puderzucker
- 1 Eßl. Zitronensaft
- 4 Eßl. Cassis (Johannisbeerlikör)
- 4 reife gelbe Pfirsiche
- 500 g Vanille-Eiscreme

**Berühmtes Rezept**
**Schnell**

Pro Person etwa 1510 kJ/
360 kcal · 6 g Eiweiß
13 g Fett · 48 g Kohlenhydrate

Zubereitungszeit: 20 Minuten

Die Himbeeren waschen, abtropfen lassen, durch ein Sieb streichen und mit dem Puderzucker, dem Zitronensaft und dem Cassis verrühren. • Die Pfirsiche mit einer Gabel mehrmals einstechen, kurz in kochendheißes Wasser tauchen, die Haut abziehen, die Früchte halbieren und die Steine entfernen. • Je zwei Pfirsichhälften mit der Höhlung nach oben auf Desserttellern anrichten. • Von der Eiscreme mit einem Eisportionierer 8 Kugeln abstechen und diese in die Pfirsichhöhlungen legen. • Eiscreme und Pfirsiche mit der Himbeersauce überziehen.

Unser Tip: Natürlich kann man das Dessert noch mit gespritzten Sahnetupfen garnieren und nach Belieben mit gerösteten Mandelblättchen bestreuen. – Besonders fein schmeckt Pfirsich Melba, wenn die Sauce aus frischen Beeren zubereitet wird. Fehlen sie am Markt, kann man ersatzweise 400 g Himbeerkonfitüre oder Johannisbeergelee mit 2 Eßlöffeln Himbeergeist verrühren, kurz erhitzen und die Konfitüre durch ein Sieb streichen.

# Eiscreme mit Obst

Klassische Kombinationen von besonders feinem Geschmack

## Rotweinbirnen auf Vanille-Eiscreme

im Bild links

- 1 ungespritzte Zitrone
- ½ l junger, leichter Rotwein
- 100 g Zucker
- 1 Zimtstange
- 4 kleine Kochbirnen
- 500 g Vanille-Eiscreme

**Etwas schwierig**

Pro Person etwa 1890 kJ/
450 kcal · 8 g Eiweiß
13 g Fett · 60 g Kohlenhydrate

Vorbereitungszeit: 20 Minuten
Garzeit: 50 Minuten

Die Zitrone waschen, abtrocknen, in Scheiben schneiden und unter Umrühren mit dem Rotwein, dem Zucker und der Zimtstange zum Kochen bringen. Den Wein sprudelnd im offenen Topf kochen lassen, bis er leicht sämig ist. • Die Birnen waschen, abtrocknen, schälen und das Kerngehäuse von unten her mit einem spitzen Messer herausschneiden; die Stiele möglichst an den Birnen lassen. • Die Zimtstange und die Zitronenscheiben aus dem Rotwein entfernen. Die Birnen senkrecht nebeneinander in einen passenden Topf stellen, mit dem Rotwein übergießen und zugedeckt 30 Minuten bei schwacher Hitze kochen lassen. • Die Birnen dann aus dem Sud heben, abtropfen und abkühlen lassen. Den Rotwein im offenen Topf sirupartig einkochen lassen. • Die Eiscreme in Würfel schneiden und in vier Dessertschalen verteilen. Die Birnen auf dem Eis anrichten und mit dem Rotweinsirup überziehen.

## Schokoladen-Eiscreme mit Bananen

im Bild rechts

- 3 Eigelbe
- 100 g Zucker
- 1 Eßl. Vanillezucker
- 150 g zartbittere Schokolade
- ½ Teel. Speisestärke
- 1 Teel. Kakaopulver
- ⅜ l Milch · ¼ l Sahne
- 2 reife Bananen
- 1 Eßl. Zitronensaft
- 50 g Bananenchips

**Braucht etwas Zeit**

Pro Person etwa 2600 kJ/
620 kcal · 19 g Eiweiß
66 g Fett · 85 g Kohlenhydrate

Zubereitungszeit: 45 Minuten
Zeit zum Gefrieren: 2 Stunden

Die Eigelbe mit 75 g Zucker und dem Vanillezucker schaumig schlagen. • 25 g Schokolade mit dem Sparschäler raspeln und kühl stellen. Die übrige Schokolade zerbröckeln, mit der Speisestärke und dem Kakaopulver unter die Eigelbmasse ziehen und langsam die Milch hineinrühren. Die Mischung bei schwacher Hitze unter ständigem Rühren mit dem Schneebesen einmal aufkochen lassen und sofort vom Herd nehmen. • Den Topf in Eiswasser stellen und die Masse unter Rühren abkühlen lassen. • ⅛ l Sahne mit dem restlichen Zucker steif schlagen, unter die kalte Schokoladenmasse ziehen und diese mit Alufolie bedeckt in 2 Stunden im Gefriergerät fest werden lassen. • Während der ersten 30 Minuten die Creme zweimal durchrühren. • Die Bananen schälen, mit einer Gabel zerdrücken und mit dem Zitronensaft vermengen. • Die übrige Sahne steif schlagen und mit der Bananenmasse mischen. • Das Eis in Dessertgläser füllen und mit der Bananensahne, den Bananenchips und den Schokoladenraspeln garnieren.

# Eiscremes mit erfrischendem Aroma

Zitrone und Stachelbeeren sind hier »tonangebend«

## Zitronen-Joghurt-Eiscreme

im Bild links

- 3 Eier
- 100 g Zucker
- 2 ungespritzte Zitronen
- 300 g Vollmilchjoghurt
- ⅛ l Sahne
- 1 Limette

**Preiswert**

Pro Person etwa 1590 kJ/
380 kcal · 14 g Eiweiß
22 g Fett · 35 g Kohlenhydrate

Zubereitungszeit: 30 Minuten
Zeit zum Gefrieren: 2 Stunden

Die Eier in Eigelbe und Eiweiße trennen. • Die Eigelbe mit dem Zucker schaumig schlagen. • Die Zitronen waschen, abtrocknen, die Schale von 1 Zitrone abreiben und den Saft beider Zitronen auspressen. • Den Joghurt mit der Zitronenschale und dem Zitronensaft unter die Eigelbcreme mischen. • Die Eiweiße zu steifem Schnee schlagen. Die Sahne ebenfalls steif schlagen. • Eischnee und Schlagsahne unter die Zitronencreme heben. Die Creme in eine Metallschale füllen, mit Alufolie bedecken und in 2 Stunden im Gefriergerät fest werden lassen. • Mit einem Eisportionierer von der Eiscreme Kugeln abstechen und diese in vier Dessertgläser verteilen. • Die Limette heiß waschen, abtrocknen und in hauchdünne Scheiben schneiden. Die Zitronen-Eiscreme damit garnieren.

## Stachelbeereis mit Mangoschaum

im Bild rechts

- 500 g Stachelbeeren
- 2 Eßl. Zitronensaft
- 100 g Puderzucker
- 100 g Crème fraîche
- 3 Eiweiße
- ⅛ l Wasser · 125 g Zucker
- 1 Mango · 5 Eßl. trockener Sekt
- 1 Zweig Zitronenmelisse

**Braucht etwas Zeit**

Pro Person etwa 2100 kJ/
480 kcal · 11 g Eiweiß
12 g Fett · 82 g Kohlenhydrate

Zubereitungszeit: 45 Minuten
Zeit zum Gefrieren: 3 Stunden

Die Stachelbeeren waschen und die Stiel- sowie die Blütenansätze abzupfen. • Die Beeren mit dem Zitronensaft und ⅛ l Wasser 10 Minuten zugedeckt schwach kochen, dann abkühlen lassen und durch ein Sieb streichen. • Den Puderzucker und die Crème fraîche unter das Stachelbeerpüree mischen. • Die Eiweiße zu steifem Schnee schlagen, zwei Drittel davon unter das kalte Fruchtpüree heben. • Die Masse in eine Metallschüssel füllen, mit Alufolie bedecken und in 3 Stunden im Gefriergerät fest werden lassen; während der ersten 30 Minuten das Püree zweimal durchrühren. • Das Wasser mit dem Zucker 10 Minuten sprudelnd zu Sirup kochen, vom Herd nehmen und kalt werden lassen. • Die Mango schälen, das Fruchtfleisch in Spalten vom Stein schneiden, mit dem Sekt im Mixer pürieren. Den kalten Zuckersirup hinzufügen und den restlichen Eischnee unterziehen. • Mit dem Eisportionierer Kugeln von der Eiscreme abstechen, in Dessertgläsern anrichten und mit dem Mangoschaum überziehen. Die Melisseblättchen waschen, trockentupfen und über das Dessert streuen.

# Überraschende Erfindungen für Eiscreme

Mit der Eismaschine oder im Gefriergerät herzustellen

## Tee-Eiscreme auf Ananas

im Bild links

| |
|---|
| ⅛ l Milch |
| 3 Teel. schwarze Teeblätter |
| 2 Eigelbe |
| 5 Eßl. Zucker |
| 1 Eßl. Rum |
| ¼ l Sahne |
| 1 kleine Ananas |
| 25 g zartbittere Schokolade |

**Gelingt leicht**
**Braucht etwas Zeit**

Pro Person etwa 2510 kJ/ 600 kcal · 12 g Eiweiß 39 g Fett · 47 g Kohlenhydrate

Zubereitungszeit: 1 Stunde
Zeit zum Gefrieren: 4 Stunden

Die Milch zum Kochen bringen, die Teeblätter damit überbrühen und 4 Minuten ziehen lassen. Die Tee-Milch dann durch ein Sieb gießen. • Die Eigelbe mit dem Zucker möglichst mit elektrischen Rührquirlen schaumig schlagen und die Tee-Milch sowie den Rum unter weiterem kräftigem Quirlen untermischen. • Die Sahne steif schlagen, unter die Teecreme ziehen, diese in eine Metallschüssel füllen, mit Alufolie abdecken und in 4 Stunden im Gefriergerät fest werden lassen. • Von der Ananas den Blätteransatz und das untere holzige Ende abschneiden. Die Frucht in 8 gleich dicke Scheiben schneiden, diese schälen und aus der Mitte den holzigen Strunk rund ausschneiden. Die Ananasscheiben zugedeckt im Kühlschrank aufbewahren. • Die Schokolade mit einem Sparschäler oder auf einer Reibe nicht zu fein raspeln. • Je 2 Scheiben Ananas auf einem Portionsteller anrichten. Von der Tee-Eiscreme mit dem Eisportionierer oder mit einem Löffel Kugeln oder Nokken abstechen, diese auf der Ananas anrichten und mit den Schokoladenraspeln verzieren.

## Kokos-Dattel-Eiscreme

im Bild rechts

| |
|---|
| 100 g feine Kokosflocken |
| 100 g getrocknete Datteln |
| 0,15 l Milch |
| 80 g Honig |
| 0,2 l Sahne |
| 3 Eier |

**Vollwertrezept**
**Gelingt leicht**

Pro Person etwa 2300 kJ/ 550 kcal · 13 g Eiweiß 30 g Fett · 55 g Kohlenhydrate

Zubereitungszeit: 40 Minuten
Zeit zum Gefrieren: 25 Minuten

Die Kokosflocken in einer schweren Pfanne ohne Fett unter ständigem Umwenden rösten, bis sie beginnen, etwas dunkler zu werden und angenehm zu duften. • Die Kokosflokken dann auf einer Platte ausbreiten und abkühlen lassen. • Die Datteln von den Stengelansätzen und den Steinen befreien und grob zerkleinern. • Die Kokosflocken mit den zerkleinerten Datteln, der Milch, dem Honig, der Sahne und den Eiern 1 Minute im Mixer mixen. Die Masse in die Trommel der Eismaschine füllen und nach Vorschrift in der Gebrauchsanweisung dickcremigfest gefrieren lassen; das dauert etwa 25 Minuten.

Unser Tip: Ist kein Mixer vorhanden, muß man die gerösteten Kokosflocken und anschließend die Datteln mit dem Wiegemesser möglichst fein wiegen. Die Früchte dann mit den elektrischen Rührquirlen gründlich mit den übrigen Zutaten mischen. – Soll die Eiscreme im Gefriergerät zubereitet werden, füllt man die-Masse in eine Metallschüssel, deckt sie mit Alufolie ab und läßt sie in etwa 4 Stunden fest gefrieren. Die Eiscreme stündlich durchrühren.

# Schokoladen-Nuß-Eiscreme

Übrig gebliebene Eisportionen kann man 8 Tage im Gefriergerät aufbewahren

50 g Haselnußkerne
50 g zartbittere Schokolade
2 Eßl. Kakaopulver
1 Messerspitze gemahlene Vanille
50 g Honig
50 g Zuckerrohrgranulat
0,2 l Sahne
¼ l Milch
3 Eier · 500 g Bananen
2 Eßl. Butter
50 g Zuckerrohrgranulat
1 Messerspitze Zimtpulver

**Vollwertrezept**
**Gelingt leicht**

Pro Person etwa 2010 kJ/
480 kcal · 12 g Eiweiß
33 g Fett · 56 g Kohlenhydrate

Zubereitungszeit: 1 Stunde
Zeit zum Gefrieren: 1 Stunde

Die Haselnüsse in einer trokkenen Pfanne rösten, bis die braunen Häutchen platzen. Die Nüsse dann mit einem Küchentuch abreiben. Die gehäuteten Nüsse im Mixer fein zerkleinern oder in der Mandelmühle mahlen. • Die Schokolade in kleine Stücke schneiden und mit dem Kakaopulver, der Vanille, dem Honig, dem Zuckerrohrgranulat und der Sahne unter Umrühren bei äußerst schwacher Hitze schmelzen lassen. • Die zerkleinerten Nüsse mit der Milch, den Eiern und der abgekühlten Schokoladenmasse im Mixer mischen. • Die Masse in die Trommel der Eismaschine füllen und nach Vorschrift in der Gebrauchsanweisung in etwa 30 Minuten gefrieren lassen. • Die Eiscreme danach noch weitere 30 Minuten ins Gefriergerät stellen. • Die Bananen schälen und in schräge, dünne Scheiben schneiden. • Die Butter in einer Pfanne aufschäumen lassen, das Zuckerrohrgranulat und den Zimt hineinrühren und leicht karamelisieren lassen. • Die Bananenscheiben unter Umwenden darin 5 Minuten erhitzen. • Von der Hälfte der Eiscreme 8 Kugeln abstechen, auf vier Portionstellern anrichten, die heißen Bananenscheiben darauf verteilen und den karamelisierten Saft darüberträufeln.

# Exquisite Eisparfaits mit Früchten

Reife Früchte verfeinern das Aroma

## Mango-Pflaumen-Parfait

im Bild links

| |
|---|
| Zutaten für 8 Personen: |
| 1 reife Mango von etwa 300 g |
| 3 Eier |
| 70 g Zuckerrohrgranulat |
| 20 g feingehackter kandierter Ingwer |
| abgeriebene Schale von 1 ungespritzten Orange |
| 5 Eßl. Eierlikör |
| 0,35 l Sahne |
| 50 g Walnußkerne |
| 200 g Pflaumenmus |
| 2 Eßl. Slibowitz |

**Vollwertrezept**
**Braucht etwas Zeit**

Pro Person etwa 1170 kJ/
280 kcal · 7 g Eiweiß
24 g Fett · 25 g Kohlenhydrate

Zubereitungszeit: 1¼ Stunden
Zeit zum Gefrieren: 6 Stunden

Die Mango schälen, das Fruchtfleisch in Spalten vom Stein schneiden und kleinwürfeln. • Die Eier in Eigelbe und Eiweiße trennen. • Die Eigelbe mit 40 g Zuckerrohrgranulat schaumig rühren. • Die Mangowürfel, den Ingwer, die Orangenschale und 2 Eßlöffel vom Eierlikör daruntermischen. • 1 Eiweiß mit 10 g Zuckerrohrgranulat zu steifem Schnee schlagen. 0,15 l der Sahne mit 10 g Zuckerrohrgranulat steif schlagen. • Den Eischnee und die Schlagsahne unter die Eigelbcreme ziehen, in eine kugelige Metallschüssel füllen, glattstreichen und in 2 Stunden im Gefriergerät dickcremig gefrieren lassen. • Die Nüsse in einer trokkenen Pfanne leicht rösten und feinreiben. • Die restlichen Eiweiße mit dem übrigen Zuckerrohrgranulat steif schlagen. Die übrige Sahne ebenfalls steif schlagen und beides mit den geriebenen Nüssen, dem Pflaumenmus und dem Slibowitz vermengen. • Die Pflaumenmasse auf die Mangoschicht streichen, alles mit Alufolie abdecken und in weiteren 4 Stunden gefrieren lassen. • Das Parfait auf eine gekühlte Platte stürzen und mit dem übrigen Eierlikör beträufeln.

## Schokoladen-Whisky-Parfait

im Bild rechts

| |
|---|
| 200 g Vollmilchschokolade |
| 1 Eßl. Butter |
| 1 Teel. Instant-Kaffeepulver |
| 3 Eßl. Whisky · 3 Eigelbe |
| ¼ l Sahne |
| 500 g reife Aprikosen |
| 1 Eßl. Zitronensaft |
| Zum Garnieren: 8 Erdbeeren |

**Berühmtes Rezept**
**Braucht etwas Zeit**

Pro Person etwa 2640 kJ/
630 kcal · 18 g Eiweiß
61 g Fett · 46 g Kohlenhydrate

Zubereitungszeit: 1 Stunde
Zeit zum Gefrieren: 4 Stunden

Die Schokolade mit der Butter im heißen Wasserbad schmelzen lassen, das Kaffeepulver, den Whisky und die Eigelbe untermischen. Die Schokoladenmasse aus dem Wasserbad nehmen und abkühlen lassen. • Die Sahne steif schlagen und unter die Creme ziehen. Die Creme in vier Joghurtbecher füllen, mit Alufolie abdecken und in 4 Stunden im Gefriergerät fest werden lassen. • Die Aprikosen 5 Minuten in kochendes Wasser legen, die Haut abziehen, die Früchte halbieren und die Steine entfernen. Die Aprikosen im Mixer pürieren oder durch ein Haarsieb streichen und mit dem Zitronensaft mischen. • Die Erbeeren waschen, trockentupfen und halbieren oder vierteln. • Die Aprikosensauce auf vier Dessertteller verteilen. Die Parfaits daraufstürzen und mit den Erdbeeren garnieren.

# Eiscremes mit feinen Fruchtsaucen

Reizvolle Kombinationen von Eiscreme und Früchten

## Zitroneneis mit Hagebuttensauce

im Bild links

- 3 ungespritzte Zitronen
- 3 Eigelbe
- 2 Eßl. weißer Rum
- 100 g Zucker
- ¼ l Sahne
- 200 g Hagebuttenpüree (Reformhaus)
- 2 Eßl. flüssiger Honig
- 5 Eßl. Rotwein

**Gelingt leicht**

Pro Person etwa 2220 kJ/ 530 kcal · 15 g Eiweiß 44 g Fett · 69 g Kohlenhydrate

Zubereitungszeit: 40 Minuten
Zeit zum Gefrieren: 3 Stunden

Die Zitronen warm waschen, abtrocknen, die Schale von 1 Zitrone abreiben. Die zweite Zitrone hauchdünn schälen und die Schale in feine Streifen (Julienne) schneiden. Die Zitronen-Julienne, in Folie verpackt, in den Kühlschrank legen. • Den Saft aller Zitronen auspressen. • Die Eigelbe mit dem Rum und dem Zucker im heißen Wasserbad schaumig rühren. • Die Sahne steif schlagen. • Die abgeriebene Zitronenschale und den -saft unter die Eigelbcreme mischen und die Schlagsahne unterheben. • Die Creme in eine Metallschüssel füllen, mit Alufolie abdecken und in 3 Stunden im Gefriergerät fest werden lassen. Das Eis stündlich einmal durchrühren. • Das Hagebuttenpüree mit dem Honig und dem Rotwein unter Umrühren erhitzen. • Von der Eiscreme mit dem Eisportionierer Kugeln abstechen, diese in Dessertgläser verteilen und mit der heißen Hagebuttensauce überziehen. Die in Streifen geschnittene Zitronenschale über die Desserts streuen.

## Mandeleis mit Aprikosensauce

im Bild rechts

Zutaten für 8 Personen:

- 100 g Sultaninen
- 4 Eßl. Amaretto (italienischer Mandellikör)
- 2 Eigelbe
- 50 g Vanillezucker
- 0,4 l Sahne
- 100 g abgezogene feingemahlene Mandeln
- 100 g gehackte Mandeln
- 100 g zartbittere Schokolade
- 500 g reife Aprikosen
- 4 Eßl. Aprikosenlikör
- 1 Eßl. Zucker

**Braucht etwas Zeit**
**Etwas teurer**

Pro Person etwa 2470 kJ/ 590 kcal · 15 g Eiweiß 55 g Fett · 49 g Kohlenhydrate

Zubereitungszeit: 1 Stunde
Zeit zum Gefrieren: 3 Stunden

Die Sultaninen heiß waschen, trockentupfen, mit dem Amaretto übergießen und quellen lassen. • Die Eigelbe mit dem Vanillezucker im heißen Wasserbad schaumig schlagen. Die Sahne steif schlagen. • Die Sultaninen mit dem Likör, den gemahlenen und den gehackten Mandeln unter die Eigelbcreme mischen, die Schokolade hineinraspeln und die Schlagsahne unterziehen. • Die Masse in eine Metallschüssel füllen, mit Alufolie abdecken und in 3 Stunden im Gefriergerät fest werden lassen. • Die Aprikosen heiß überbrühen, häuten und die Steine entfernen. 1 Frucht zum Garnieren zurückbehalten, die übrigen Aprikosen mit dem Likör, dem Zucker und 3 Eßlöffeln Wasser im Mixer pürieren. • Die Mandel-Eiscreme in gleich kleine Würfel schneiden, in Dessertgläsern anrichten, mit der Aprikosensauce überziehen und mit Aprikosenspalten garnieren.

# Frucht-Eiscremes, raffiniert angerichtet

Eiscreme mit hohem Sahneanteil braucht während des Gefrierens nicht durchgerührt zu werden

## Himbeer-Eiscreme mit Pistaziensahne

im Bild links

| |
|---|
| 500 g Himbeeren |
| 100 g Zucker |
| 0,6 l Sahne |
| 1 Teel. Zitronensaft |
| 1 Eßl. Vanillezucker |
| 25 g gehackte Pistazien |

**Gelingt leicht**
**Braucht etwas Zeit**

Pro Person etwa 2730 kJ/ 650 kcal · 6 g Eiweiß 52 g Fett · 45 g Kohlenhydrate

Zubereitungszeit: 30 Minuten
Marinierzeit: 2 Stunden
Zeit zum Gefrieren: 3 Stunden

Die Himbeeren mehrmals in stehendem Wasser waschen und jeweils die an der Oberfläche schwimmenden Schmutzteilchen abnehmen. Die Beeren abtropfen lassen. • Die Himbeeren mit dem Zucker in einer Schüssel vermengen, mit einer Gabel zerdrücken und 2 Stunden zugedeckt im Kühlschrank durchziehen lassen. • Nach 2 Stunden zwei Drittel der Sahne steif schlagen. • Die Himbeeren durch ein Haarsieb streichen und mit dem Zitronensaft mischen. Das Himbeerpüree unter die Schlagsahne ziehen, in eine Metallschüssel füllen, mit Alufolie abdecken und in 3 Stunden im Gefriergerät fest werden lassen. • Kurz vor dem Servieren die restliche Sahne mit dem Vanillezucker steif schlagen und in einen Spritzbeutel mit Sterntülle füllen. • Von der Eiscreme mit einem Eisportionierer Kugeln abstechen und diese auf vier Dessertteller verteilen. Mit Sahnetupfen und Pistazien garnieren.

## Orangen-Eiscreme mit Orangensauce

im Bild rechts

| |
|---|
| Für die Eiscreme: |
| 3 Eigelbe · 100 g Zucker |
| 0,2 l Sahne · 1 Orange |
| 2 Eßl. Grand Marnier (Orangenlikör) |
| Für die Sauce: |
| 1 Orange · 1 Teel. Speisestärke |
| 50 g Zucker |
| 3 Eßl. Grand Marnier |
| Zum Bestreuen: |
| 4 Eßl. Borkenschokolade |

**Gelingt leicht**

Pro Person etwa 2310 kJ/ 550 kcal · 15 g Eiweiß 43 g Fett · 55 g Kohlenhydrate

Zubereitungszeit: 50 Minuten
Zeit zum Gefrieren: 3 Stunden

Die Eigelbe mit dem Zucker im heißen Wasserbad mit dem Schneebesen schlagen, bis die Masse cremig und heiß ist. • Die Creme dann im kalten Wasserbad noch so lange weiterschlagen, bis sie gut abgekühlt ist. • Die Sahne steif schlagen. • Die Orange auspressen und den Saft mit dem Likör und der Schlagsahne unter die Eigelbcreme ziehen. • Die Creme in eine Metallschüssel füllen, mit Alufolie abdecken und in 3 Stunden im Gefriergerät fest werden lassen. • Für die Sauce die Orange auspressen, vom Saft 2 Eßlöffel abnehmen und die Speisestärke damit anrühren. • Den restlichen Orangensaft mit dem Zucker unter ständigem Umrühren aufkochen lassen, die angerührte Speisestärke und den Likör unterrühren, einmal aufwallen, vom Herd nehmen und abkühlen lassen. • Die Eisschüssel vor dem Servieren kurz in kaltes Wasser tauchen, das Eis auf eine Platte stürzen und mit der Orangensauce begießen. Das Dessert mit der Schokolade bestreuen.

# Cassis-Eiscreme

Ein festlicher Schlußpunkt für eine erlesene Mahlzeit

| |
|---|
| Zutaten für 6 Förmchen von je 0,2 l Inhalt: |
| 500 g schwarze Johannisbeeren |
| 150 g Zuckerrohrgranulat |
| 0,1 l ungesüßter Johannisbeersaft (Reformhaus) |
| 1 Eßl. Zitronensaft |
| 0,4 l Sahne |
| 6 Eßl. Cassis (schwarzer Johannisbeerlikör) |

**Etwas teurer**
**Vollwertrezept**

Pro Person etwa 1600 kJ/ 380 kcal · 3 g Eiweiß 21 g Fett · 39 g Kohlenhydrate

Zubereitungszeit: 30 Minuten
Zeit zum Gefrieren: 3 Stunden

Die Johannisbeeren waschen, auf Küchenpapier abtropfen lassen und 6 kleine Rispen im Kühlschrank aufbewahren. • Die übrigen Beeren von den Stielen zupfen. • Das Zuckerrohrgranulat mit dem Johannisbeersaft unter Rühren zum Kochen bringen, die Beeren hineinschütten und zugedeckt 5 Minuten bei schwacher Hitze kochen lassen. • Die Beeren mit einer Gabel zerdrücken, durch ein Haarsieb streichen, mit dem Zitronensaft vermischen und zugedeckt kühl stellen. • 0,3 l Sahne steif schlagen, unter das Fruchtpüree heben, die Masse in die Förmchen füllen, mit Alufolie abdecken und im Gefriergerät in 3 Stunden fest werden lassen. • Danach die restliche Sahne steif schlagen und in einen Spritzbeutel mit Sterntülle füllen. • Die Förmchen kurz in kaltes Wasser tauchen. Das Eis auf Teller stürzen, jeweils mit Sahnetupfen und Johannisbeeren garnieren. Jede Portion mit Cassis beträufeln.

# Meloneneis mit Mandelsauce

Gelingt besonders gut in der Eismaschine

| |
|---|
| Für das Eis: |
| 1 reife Honigmelone (600 g) |
| je ⅛ l Milch und Sahne |
| 100 g Honig |
| Saft und abgeriebene Schale von ½ ungespritzten Zitrone |
| 1 Messerspitze gemahlene Vanille |
| Für die Mandelsauce: |
| 50 g abgezogene Mandeln |
| 2 Eßl. Honig · 7 Eßl. Sahne |

**Vollwertrezept**

Pro Person etwa 1800 kJ/ 430 kcal · 6 g Eiweiß 24 g Fett · 50 g Kohlenhydrate

Zubereitungszeit: 1 Stunde
Zeit zum Gefrieren: 1 Stunde

Die Melone längs halbieren, die Kerne entfernen und das Fruchtfleisch einer Hälfte aus der Schale lösen. • Das Fruchtfleisch grob zerkleinern und mit der Milch, der Sahne, dem Honig, der Zitronenschale, dem -saft und der Vanille im Mixer pürieren oder durch ein Haarsieb streichen. • Die Fruchtmasse in die Trommel der Eismaschine füllen und darin nach Vorschrift in der Gebrauchsanweisung in 15 bis 30 Minuten gefrieren lassen. • Das Eis anschließend noch weitere 30 Minuten ins Gefriergerät stellen. • Das restliche Fruchtfleisch der Melone mit dem Kugelausstecher aus der Schale lösen. • Die Mandeln kurz vor dem Servieren hakken und in einer trockenen Pfanne unter Umwenden rösten, bis sie etwas dunkler werden. • Den Honig unter die Mandeln mischen und leicht karamelisieren lassen, nach und nach die Sahne unterrühren. • Das Meloneneis in Kugeln oder Nocken abstechen, auf vier Dessertteller verteilen, die Melonenkugeln dazugeben und mit der Mandelsauce überziehen.

# Schokoladeneis-Roulade

In Portionen im Gefriergerät aufbewahrt, hat man für einige Zeit Desserts auf Vorrat

Zutaten für 1 Roulade:
Für die Eiscreme:
- 6 Eigelbe
- 75 g Zucker
- 150 g zartbittere Schokolade
- ¼ l Sahne

Für die Roulade:
- 8 Eigelbe
- 100 g Zucker
- 4 Eiweiße
- 80 g Mehl
- 20 g Speisestärke
- 0,1 l Sahne
- 1 Eßl. Vanillezucker
- 2 Eßl. Schokoladenstreusel

Für das Backblech: Backpapier

**Etwas schwierig**

Bei 12 Stücken pro Stück etwa 2390 kJ/570 kcal · 20 g Eiweiß 41 g Fett · 28 g Kohlenhydrate

Vorbereitungszeit: 45 Minuten
Zeit zum Gefrieren: 3 Stunden
Backzeit: 12 Minuten

Die Eigelbe mit dem Zucker schaumig rühren. • Die Schokolade mit der Hälfte der Sahne unter Umrühren schmelzen lassen und unter die Eigelbcreme schlagen, bis diese sämig ist. • Die übrige Sahne steif schlagen, unter die Schokoladenmasse heben. • Die Masse mit Alufolie bedecken und gefrieren lassen. • Nach 2 Stunden den Backofen auf 220° vorheizen. Das Backblech mit Pergamentpapier auslegen. • Die Eigelbe mit dem Zukker schaumig rühren. Die Eiweiße zu Schnee schlagen und mit dem Mehl und der Speisestärke unter die Eigelbcreme heben. • Den Teig auf das Backblech streichen und in 12 Minuten goldgelb backen. • Den Biskuit auf ein mit Zucker bestreutes Küchentuch stürzen, das Papier abziehen und den Biskuit mit einem feuchten Tuch bedeckt abkühlen lassen. • Die Eiscreme etwas weich werden lassen und auf den Biskuit streichen. • Die Teigplatte zu einer Roulade formen und wieder ins Gefrierfach stellen. • Die Sahne mit dem Vanillezucker steif schlagen, die Roulade damit überziehen und mit den Schokoladenstreuseln verzieren.

# Omelette Surprise

Überraschungs-Omelette heißt diese Eisspezialität auf deutsch

Zutaten für 10 Personen:
7 Eier
100 g feiner Zucker
abgeriebene Schale von
1 ungespritzten Zitrone
1 Eßl. Cognac
100 g Mehl
je 25 g gehackte Mandeln und
Pistazien
20 Kugeln Eiscreme und Sorbet
(beliebig gemischte Sorten)
100 g Puderzucker
Für das Backblech: Backpapier

**Berühmtes Rezept**

Pro Person etwa 1840 kJ/
440 kcal · 14 g Eiweiß
21 g Fett · 46 g Kohlenhydrate

Zubereitungszeit: 40 Minuten
Backzeit: 12–15 Minuten
Zeit zum Gefrieren: 30 Minuten

Den Backofen auf 200° vorheizen. Ein rechteckiges Backblech mit Backpapier auslegen. • Die Eier in Eigelbe und Eiweiße trennen. • Die Eigelbe mit dem Zucker und der Zitronenschale schaumig rühren und den Cognac untermengen. • 4 Eiweiße zu steifem Schnee schlagen, auf die Eigelbmasse füllen, das Mehl darübersieben, unterheben und den Teig auf das Backblech streichen. • Die Mandeln und die Pistazien auf den Biskuit streuen, diesen in 12 bis 15 Minuten goldgelb backen und abkühlen lassen. • Den Boden einer feuerfesten Form mit einem passend geschnittenen Stück vom Biskuit belegen. • Die Eiskugeln darauf verteilen und diese mit dem übrigen Biskuit belegen. • Die Form für 30 Minuten ins Gefriergerät stellen, damit das Eis nicht schmilzt. • Den Backofen auf 225° vorheizen. • Die restlichen Eiweiße steif schlagen, 50 g Puderzucker daraufsieben und darunterschlagen. Weitere 50 g gesiebten Puderzucker unterheben und den Eischnee in einen Spritzbeutel mit Sterntülle füllen. • Den Biskuit in der Form völlig mit dem Eischnee umhüllen. Den Eischnee im Backofen auf der oberen Schiene in 4 bis 7 Minuten goldgelb werden lassen. • Die Omelette sofort servieren.

# Eisdesserts wie vom Konditor

Mit etwas Sorgfalt lassen sich fast professionelle Ergebnisse erzielen

## Eistorte Fürst-Pückler-Art

im Bild links

Zutaten für 1 Kastenform von 26 cm Länge:
- 250 g Erdbeeren
- 3 Eßl. Vanillezucker
- 10 Eier · 150 g Zucker
- ¾ l Sahne
- 100 g zartbittere Schokolade
- 2 Eßl. Rum

**Berühmtes Rezept**

Bei 8 Portionen pro Person etwa 960 kJ/230 kcal · 7 g Eiweiß 16 g Fett · 14 g Kohlenhydrate

Zubereitungszeit: 1 Stunde
Zeit zum Gefrieren: 5 Stunden

Die Erdbeeren waschen, putzen und mit 1 Eßlöffel Vanillezucker pürieren. • Die Eier in Eigelbe und Eiweiße trennen. Die Eigelbe mit dem Zucker cremig rühren. Die Eiweiße zu steifem Schnee schlagen. • Die Sahne steif schlagen und mit dem Eischnee unter die Eigelbcreme ziehen. Ein Drittel der Masse mit dem restlichen Vanillezucker mischen, in die Form füllen und im Gefriergerät fest werden lassen. • Die restliche Schaummasse halbieren, einen Teil mit den Erdbeeren vermengen, auf die Vanillecreme füllen und ebenfalls im Gefriergerät fest werden lassen. • Die Schokolade im Wasserbad schmelzen, etwas abkühlen lassen, mit dem Rum unter die restliche Schaummasse mischen und auf die Erdbeercreme füllen. • Nach mindestens 5 Stunden die Form in lauwarmes Wasser tauchen und die Eistorte stürzen.

## Cassata

im Bild rechts

Zutaten für 10 Personen:

Für den Biskuit:
- 6 Eier · 180 g Puderzucker
- 1 Eßl. Vanillezucker
- 100 g Mehl
- 75 g Speisestärke

Zum Füllen:
- 200 g gemischte kandierte Früchte
- 100 g zartbittere Schokolade
- 500 g Ricotta (italienischer Frischkäse)
- 150 g Zucker
- 4 Eßl. Maraschinolikör
- 8 Eßl. Marsalawein
- ⅛ l Sahne

**Spezialität aus Sizilien**

Pro Person etwa 1910 kJ/ 440 kcal · 12 g Eiweiß 32 g Fett · 49 g Kohlenhydrate

Vorbereitungszeit: 1 Stunde
Backzeit: 25 Minuten
Zeit zum Gefrieren: 1–2 Stunden

Den Backofen auf 200° vorheizen. • Die Eier in Eigelbe und Eiweiße trennen. Die Eigelbe mit dem Puderzucker und dem Vanillezucker schaumig rühren. Die Eiweiße zu steifem Schnee schlagen und unter die Eigelbcreme heben. • Das Mehl mit der Speisestärke darübersieben und unterheben. • Den Teig auf ein mit Backpapier ausgelegtes Backblech streichen und in 12 Minuten goldgelb backen. • Den Biskuit abkühlen lassen. • Von den kandierten Früchten einige zum Garnieren beiseite legen, die restlichen mit der Schokolade kleinwürfeln. • Den Ricotta mit dem Zucker, dem Likör und den Frucht- und Schokoladenwürfeln mischen. • Den Biskuit in Streifen schneiden, mit Marsala beträufeln und eine Kastenform damit auskleiden. • Die Ricottacreme einfüllen, mit den restlichen Biskuitstreifen bedecken und diese wiederum mit Marsala beträufeln. • Die Cassata im Gefriergerät nicht ganz fest werden lassen. • Die Sahne steif schlagen. Die Cassata stürzen und mit der Schlagsahne und den kandierten Früchten garnieren.

# Überraschende Eisdesserts

Aus dem unerschöpflichen Ideenvorrat für feine Eiscremes

## Brombeer-Eiscreme mit weißer Sauce

im Bild links

| |
|---|
| Zutaten für 6 Personen: |
| 300 g Brombeeren |
| 3 Eier |
| 100 g Zucker |
| 1 Eßl. Vanillezucker |
| 1 Prise Kardamom |
| ⅜ l Sahne |
| 200 g weiße Schokolade |
| 2 Eßl. weißer Rum |

**Gelingt leicht**

Pro Person etwa 1930 kJ/
460 kcal · 9 g Eiweiß
27 g Fett · 42 g Kohlenhydrate

Zubereitungszeit: 30 Minuten
Zeit zum Gefrieren: 3 Stunden

Die Brombeeren waschen, abtropfen lassen und pürieren. • Die Eier in Eiweiße und Eigelbe trennen. Die Eigelbe mit dem Zucker, dem Vanillezucker und dem Kardamom schaumig rühren, in eine Metallschüssel füllen und zugedeckt im Gefriergerät halbfest werden lassen. • Die Eiweiße zu Schnee schlagen. ¼ l Sahne steif schlagen. • Den Eischnee und die Schlagsahne mit dem Brombeerpüree unter die Eigelbcreme mischen und die Masse in etwa 3 Stunden zu Eis gefrieren lassen. • Die Schokolade in Stücke brechen, im heißen Wasserbad schmelzen lassen und mit der restlichen Sahne und dem Rum mischen. • Das Brombeereis mit einem Eisportionierer zu Kugeln formen, auf einer Platte oder Desserttellern anrichten und mit der warmen weißen Schokoladensauce übergießen.

## Halbgefrorene Erdbeercreme

im Bild rechts

| |
|---|
| 500 g Erdbeeren |
| 100 g Zucker |
| 2 Eßl. Vanillezucker |
| 1 Eßl. Zitronensaft |
| 150 g Vollmilchjoghurt |
| 150 g Crème fraîche |
| 0,2 l Sahne |

**Gelingt leicht**

Pro Person etwa 2100 kJ/
500 kcal · 5 g Eiweiß
34 g Fett · 44 g Kohlenhydrate

Zubereitungszeit: 30 Minuten
Zeit zum Gefrieren:
2 ½ Stunden

Die Erdbeeren waschen, abtropfen lassen; einige schöne Beeren zum Garnieren zurückbehalten, die übrigen von den Stielen zupfen und mit dem Zucker, dem Vanillezucker und dem Zitronensaft pürieren. • Den Joghurt mit der Crème fraîche verrühren und unter das Erdbeerpüree ziehen. Die Creme in eine Metallschüssel füllen und zugedeckt 30 Minuten ins Gefriergerät stellen; dabei zweimal durchrühren. • Die Sahne steif schlagen, unter die Erdbeercreme heben und diese in weiteren 2 Stunden im Gefriergerät fest werden lassen; während dieser Zeit halbstündig mit dem Schneebesen durchrühren, damit sie geschmeidig bleibt. • Die Erdbeercreme anrichten und mit den zurückbehaltenen Erdbeeren und nach Belieben noch mit etwas Schlagsahne garnieren.

# Gefrorene Käse-Sahne-Torte

Eine raffinierte Erfindung, die ganz ohne Backofen auskommt

Zutaten für 1 Springform von 26 cm Durchmesser:
- 200 g Löffelbiskuits
- 50 g Butter
- 1 Eßl. Vanillezucker
- 1 Messerspitze Zimtpulver
- 3 Eigelbe
- 100 g Puderzucker
- 2 Eßl. Zitronensaft
- abgeriebene Schale von ½ ungespritzten Zitrone
- 500 g Mascarpone (italienischer Frischkäse)
- ¼ l Sahne
- 2 Eßl. Kakaopulver
- 12 Cocktailkirschen

**Gelingt leicht**

Bei 12 Stücken pro Person etwa 1890 kJ/450 kcal · 12 g Eiweiß 33 g Fett · 24 g Kohlenhydrate

Zubereitungszeit: 45 Minuten
Zeit zum Gefrieren: 3 Stunden

Die Biskuits zwischen Folie mit dem Rollholz zerdrücken. • Die Butter zerlassen, mit dem Vanillezucker und dem Zimt unter die Biskuitbrösel mischen, den Boden der Springform damit bedecken und die Masse etwas andrücken. • Die Eigelbe mit dem Puderzucker schaumig rühren und den Zitronensaft, die -schale und den Mascarpone untermengen. ⅛ l Sahne unter die Creme rühren. • Die Creme auf den Tortenboden streichen, mit Alufolie abdecken und im Gefriergerät in etwa 3 Stunden fest werden lassen. • Die übrige Sahne steif schlagen und in einen Spritzbeutel mit Sterntülle füllen. • Den Rand der Torte mit einem spitzen Messer von der Form lösen. Die Torte mit dem Kakaopulver besieben, auf eine Tortenplatte gleiten lassen und mit Sahnetupfen und den Cocktailkirschen garnieren.

Unser Tip: Mascarpone, den vollfetten italienischen Frischkäse, kann man durch Doppelrahm-Frischkäse ersetzen, der jedoch fester in der Konsistenz ist. Deshalb statt ⅛ l flüssige Sahne 0,2 l hinzufügen.

# Pfirsiche mit delikatem Eis

Traditionelle Desserts für gehobene Ansprüche

## Pfirsichhälften »Escoffier«

im Bild links

- 2 gut reife Pfirsiche
- Saft und abgeriebene Schale von
- 1 ungespritzten Orange
- 50 g Gelierzucker
- ⅜ l Sahne
- ¼ Vanilleschote
- 1 gehäufter Eßl. Puderzucker
- 4 Eßl. Orangenlikör
- 8 kleine Kugeln Nougat-Eiscreme

**Berühmtes Rezept**

Pro Person etwa 2310 kJ/
550 kcal · 6 g Eiweiß
31 g Fett · 52 g Kohlenhydrate

Vorbereitungszeit: 30 Minuten
Garzeit: 10 Minuten

Die Pfirsiche in kochendes Wasser tauchen, die Haut abziehen, die Früchte halbieren und die Steine entfernen. • Den Orangensaft mit 2 Eßlöffeln Wasser, der Orangenschale, dem Gelierzucker und den Pfirsichhälften in einem Topf zugedeckt bei schwacher Hitze 10 Minuten dünsten. Die Pfirsiche abtropfen und abkühlen lassen. Den Pfirsichsirup aufbewahren. • Die Sahne für 10 Minuten in den Gefrierschrank stellen. • Die Vanilleschote längs halbieren, das Mark herausschaben und mit dem Puderzucker mischen. • Die Pfirsiche mit der Wölbung nach oben auf vier Teller legen. • Die Hälfte der Sahne mit dem Orangenlikör und dem Pfirsichsirup verrühren und um die Pfirsiche gießen. • Die restliche Sahne mit dem Vanille-Puderzucker steif schlagen und die Pfirsiche damit garnieren. • Die Nougat-Eiscreme-Kugeln auf der Orangensauce verteilen.

Unser Tip: Nougat-Eiscreme läßt sich wie Schokoladen-Eiscreme zubereiten (Seite 99). Statt der Schokolade Nougat verwenden und das Kaffeepulver und den Likör weglassen.

## Indische Pfirsiche

im Bild rechts

- 4 reife Pfirsiche
- 3 Ingwerfrüchte in Sirup
- ¼ l Weißwein
- 3 Eßl. Ingwersirup
- 3 Kardamomkapseln
- 1 Prise gemahlene Muskatnuß
- ¼ Zimtstange
- 2 Eigelbe
- 1 Ei
- 50 g Zucker
- 8 kleine Kugeln
- Maracuja-Eiscreme

**Spezialität aus Indien**
**Schnell**

Pro Person etwa 2010 kJ/
480 kcal · 16 g Eiweiß
32 g Fett · 56 g Kohlenhydrate

Zubereitungszeit: 30 Minuten

Die Pfirsiche in kochendes Wasser tauchen, die Haut abziehen, die Früchte halbieren und die Steine herauslösen. • 1 Ingwerfrucht kleinwürfeln, die restlichen in feine Streifen schneiden. • Den Weißwein mit dem Ingwersirup und den -würfeln, dem zerdrückten Kardamom, dem Muskat, der Zimtstange und den Pfirsichhälften in einem Topf bei schwacher Hitze zugedeckt 3 bis 4 Minuten kochen lassen. • Die Pfirsiche dann abtropfen lassen und kühl stellen. • Die Eigelbe mit dem Ei und dem Zucker mit den elektrischen Quirlen schaumig schlagen, die Masse in ein heißes Wasserbad stellen, den Weinsud von den Pfirsichen dazuseihen und so lange weiterschlagen, bis die Masse heiß und sämig wird. • Die Pfirsichhälften mit der Höhlung nach oben auf vier Teller verteilen und jede Mulde mit 1 Kugel Eiscreme füllen. • Die Weinschaumsauce um die Pfirsiche gießen und darauf die Ingwerstreifen streuen.

# Flambierte »Eispäckchen« und frostiges Soufflé

Kleine Zaubereien mit festlichem Effekt

## Flambierte Eis-Palatschinken

im Bild links

- 3 Eier · 50 g Mehl
- ⅛ l Milch
- 1 Teel. Zucker · 1 Prise Salz
- 1 Eßl. Butterschmalz
- je 4 kleine Kugeln Nuß-, Mango- und Zitronen-Eiscreme
- 2 ungespritzte Orangen
- 8 Stücke Würfelzucker
- 50 g Butter
- 1 gehäufter Eßl. Zucker
- 8 Eßl. Orangenlikör

**Spezialität aus Österreich**

Pro Person etwa 2800 kJ/
670 kcal · 17 g Eiweiß
38 g Fett · 55 g Kohlenhydrate

Zubereitungszeit: 40 Minuten
Zeit zum Gefrieren: 30 Minuten
Zeit zum Fertigstellen: 20 Minuten

Von den Eiern 1 Ei in Eigelb und Eiweiß trennen und das Eigelb mit den ganzen Eiern, dem Mehl, der Milch, dem Zucker und dem Salz verquirlen. • Das Schmalz portionsweise zerlassen. Aus dem Teig 4 hauchdünne Pfannkuchen im Schmalz braten und diese kalt werden lassen. • Das restliche Eiweiß verquirlen. • In die Mitte jedes Pfannkuchens 3 Eiskugeln setzen. Die Ränder der Palatschinken mit dem Eiweiß bestreichen, über dem Eis falten und die Päckchen für 30 Minuten ins Gefriergerät legen. • Die Orangenschale mit dem Würfelzucker abreiben, den Saft auspressen. • Die Butter in einer Flambierpfanne zerlassen und den Würfelzucker mit dem Zucker darin unter Umrühren zergehen lassen. Den Orangensaft dazugießen und sämig einkochen lassen. • Die Palatschinkenpäckchen von jeder Seite 1 Minute im Sirup erwärmen. • Den Likör am Rand entlang in die Pfanne gießen und anzünden. • Die Palatschinken brennend servieren.

## Eisschäumchen

im Bild rechts

Zutaten für 8 Personen:

- ½ Vanilleschote
- ¼ l Milch · 5 Eigelbe
- 150 g flüssiger Honig
- 150 g Blockschokolade
- 2 Eßl. Rum · 0,4 l Sahne
- 3 Eßl. Cointreau (Orangenlikör)
- abgeriebene Schale von ½ ungespritzten Orange
- 4 Eßl. Puderzucker

**Etwas schwierig**

Pro Person etwa 1930 kJ/
460 kcal · 13 g Eiweiß
43 g Fett · 39 g Kohlenhydrate

Zubereitungszeit: 1¼ Stunden
Zeit zum Gefrieren: 4 Stunden

Die Vanilleschote längs aufschneiden, das Mark herausschaben und mit den Schotenhälften und der Milch zum Kochen bringen. • Die Eigelbe mit dem Honig im heißen Wasserbad schaumig schlagen, langsam die heiße Milch unterrühren und so lange weiterschlagen, bis die Masse cremig wird. • Die Eigelbcreme im kalten Wasserbad unter Schlagen mit dem Schneebesen abkühlen lassen und in den Kühlschrank stellen. • 100 g Schokolade mit dem Rum schmelzen lassen. Die Sahne steif schlagen. • Die Vanillecreme halbieren, eine Hälfte mit dem Cointreau und der Orangenschale mischen, die andere Hälfte mit der flüssigen, etwas abgekühlten Schokolade. Die Schlagsahne unter die Cremes ziehen. • Beide Cremes gleichzeitig in eine Metallschale gießen, so daß sie ineinander fließen. • Die Masse in etwa 4 Stunden im Gefriergerät fest werden lassen. • Acht Dessertteller mit Puderzucker besieben. Vom Eisschaum mit einem Löffel Nocken abstechen und diese auf dem Puderzucker anrichten. Die übrige Schokolade darüberschaben.

# Ananas »Sarah Bernard«

Diese Kreation wurde einer der größten Schauspielerinnen ihrer Zeit gewidmet

| |
|---|
| 1 Ananas von etwa 800 g |
| 4 Eßl. Kirschwasser |
| 50 g Gelierzucker |
| Saft von 1 Zitrone |
| ⅛ l Weißwein |
| 1 Ei |
| ¼ l Sahne |
| 2 Teel. Puderzucker |
| 2 Teel. Zimtpulver |
| je 1 Messerspitze gemahlener |
| Kardamom und Ingwer |
| 8 Kugeln Orangen-Eiscreme |
| 4 Eßl. frisch geraspelte |
| Schokolade |

**Berühmtes Rezept**

Pro Person etwa 2770 kJ/ 660 kcal · 10 g Eiweiß 39 g Fett · 72 g Kohlenhydrate

Zubereitungszeit: 40 Minuten
Marinierzeit: 2 Stunden

Die Ananas schälen und in 8 gleich große, etwa 1 cm dicke Scheiben schneiden. Aus der Mitte jeder Scheibe den harten Strunk herausschneiden, die Scheiben in eine Schale legen, mit dem Kirschwasser beträufeln und zugedeckt 2 Stunden im Kühlschrank marinieren. • Von der übriggebliebenen Ananas ebenfalls die harten Strünke ausschneiden, das Fruchtfleisch in kleine Stücke schneiden, mit dem Gelierzucker, dem Zitronensaft und dem Weißwein in einen Topf geben und zugedeckt 5 Minuten bei schwacher Hitze dünsten, dann mit der Dünstflüssigkeit und dem Ei im Mixer pürieren. • Das Püree noch einmal kurz erhitzen, aber nicht kochen lassen. • Die Sahne mit dem Puderzucker, dem Zimt, dem Kardamom und dem Ingwer steif schlagen. • Die Ananasscheiben mit der Marinierflüssigkeit auf vier Tellern anrichten und je 1 Kugel Orangen-Eiscreme auf die Scheiben setzen. • Die Ananassauce mit 4 Eßlöffeln Sahne verrühren und um die Ananasscheiben gießen. • Die übrige Sahne in einen Spritzbeutel mit Sterntülle füllen und die Eiskugeln damit umspritzen. Die Schokoladenraspel auf die Sahne streuen.

# Gemischtes Fruchteis

Ein schnell zubereitetes, »schlankes« Fruchteis ohne Sahne

0,2 l eiskalter trockener Sekt oder Weißwein oder Roséwein oder zu den Beeren passender Fruchtsaft
75 g Puderzucker
400 g gemischte tiefgefrorene Beeren wie Brombeeren, Erdbeeren, Heidelbeeren, Himbeeren, rote und schwarze Johannisbeeren
2–4 Eßl. Maraschinolikör
eventuell etwas Eierlikör

**Gelingt leicht • Preiswert**

Pro Person etwa 800 kJ/
190 kcal · 1 g Eiweiß
1 g Fett · 29 g Kohlenhydrate

Zubereitungszeit: 20 Minuten
Zeit zum Gefrieren: 1 Stunde

Eine Metallschüssel schon vor Beginn der Zubereitung in das Gefriergerät stellen. • Die ausgewählte Flüssigkeit mit dem Puderzucker in den Mixer schütten und kurz durchrühren. • Von den noch gefrorenen Beeren 2 Eßlöffel im Gefrierfach aufbewahren, die übrigen Beeren nach und nach in den laufenden Mixer geben und alles in 1 weiteren Minute fein pürieren. Zuletzt den Maraschino in den Mixer schütten und kurz untermischen. • Das Fruchtpüree in die eiskalte Metallschüssel füllen, mit Alufolie zudecken und in etwa 1 Stunde fest werden lassen. • Die Beeren aus dem Gefrierfach nehmen. • Das Fruchteis würfeln oder mit dem Eisportionierer zu Kugeln formen, in Dessertgläsern anrichten, mit den zurückbehaltenen Beeren bestreuen und nach Belieben mit etwas Eierlikör beträufeln.

# Fruchtsorbet

Das Grundrezept dieser Spezialität stammt aus Persien

Zutaten für 8 Personen:
2–3 Mangos · 150 g Zucker
Saft von 1 Zitrone
1 Eiweiß
8 Blättchen Zitronenmelisse

**Berühmtes Rezept**

Pro Person etwa 630 kJ/
150 kcal · 2 g Eiweiß
0 g Fett · 36 g Kohlenhydrate

Zubereitungszeit: 30 Minuten
Zeit zum Gefrieren:
etwa 40 Minuten

Die Mangos waschen, abtrocknen, schälen und das Fruchtfleisch von den Steinen schneiden; es soll 500 g ergeben. • Das Fruchtfleisch mit der Hälfte des Zuckers und dem Zitronensaft im Mixer pürieren, in eine Sorbetiere füllen und darin nach Vorschrift in der Gebrauchsanweisung in etwa 30 Minuten fest werden lassen. • Das Eiweiß im heißen Wasserbad schaumig schlagen, den restlichen Zucker einrieseln lassen, das Eiweiß in weiteren 4 Minuten zu steifem Schnee und anschließend im kalten Wasserbad kalt schlagen. • Wenn das Sorbet dickcremig ist, den Eischnee daruntermischen und das Sorbet in weiteren 5 bis 10 Minuten wieder fest werden lassen. • Mit einem Eisportionierer 8 Kugeln aus dem Sorbet formen, diese in Weingläsern anrichten und jede Portion mit einem Blättchen Zitronenmelisse garnieren.

Unser Tip: Sorbets kann man aus vielerlei Obst, Gemüse und Kräutern herstellen. Für Fruchtsorbets eignen sich Ananas, Äpfel, Aprikosen, Birnen, Kakis/Sharonfrüchte, Kiwis, Kirschen, Mirabellen und alle Beerenarten. Obst, das sich roh nicht gut pürieren läßt, dünstet man nach dem Schälen und Entsteinen mit wenig Wasser, der Hälfte des Zukkers und dem Zitronensaft weich, ehe es im Mixer püriert oder durch ein Haarsieb gestrichen wird.

# Sorbets mit exotischen Früchten

Die »schlanken« Eisspezialitäten für Genießer – wer mag, gießt gut gekühlten trockenen Sekt über die Sorbets

## Passionsfrucht-Kaki-Sorbet

im Bild links

- ¼ l Wasser
- Saft von 1 Zitrone
- 125 g Zucker
- 2 vollreife Kakis
- 2 Passionsfrüchte
- 2 Eßl. Aprikosenlikör
- 1 Eiweiß
- 1 Eßl. Vanillezucker

**Etwas teurer**

Pro Person etwa 1000 kJ/
240 kcal · 5 g Eiweiß
0 g Fett · 52 g Kohlenhydrate

Zubereitungszeit: 45 Minuten
Zeit zum Gefrieren: 2 Stunden

Das Wasser mit dem Zitronensaft und dem Zucker 5 Minuten kochen, dann abkühlen lassen. • Die Kakis schälen und durch ein Sieb streichen. Die Passionsfrüchte halbieren, mit einem Teelöffel das Innere aushöhlen und unter das Kakipüree mischen. • Das Fruchtpüree mit dem Zuckersirup und dem Likör vermengen, in eine Metallschüssel füllen, zudecken und im Gefriergerät in etwa 1 Stunde halbfest werden lassen, dabei in kurzen Abständen durchrühren. • Das Eiweiß schaumig schlagen, den Vanillezucker einrieseln lassen und weiterschlagen, bis ein fester, glänzender Eischnee entstanden ist. • Den Eischnee unter das Fruchtpüree rühren und das Sorbet in 1 weiteren Stunde gefrieren lassen. • Vom Sorbet mit dem Eisportionierer Kugeln abstechen und diese in Dessert- oder Weingläsern anrichten.

## Johannisbeer-Kiwi-Sorbet

im Bild rechts

Zutaten für 8 Personen:

- 250 g Zucker
- 0,1 l Wasser
- 300 g rote Johannisbeeren
- 4 Kiwis
- 2 Eßl. Cassis (Johannisbeerlikör)
- ⅛ l lieblicher Rotwein
- ⅛ l trockener Sekt
- 1 Eßl. weißer Rum
- 2 Eiweiße

**Spezialität**

Pro Person etwa 880 kJ/
210 kcal · 4 g Eiweiß
0 g Fett · 41 g Kohlenhydrate

Zubereitungszeit: 40 Minuten
Zeit zum Gefrieren: 2 Stunden

Den Zucker mit dem Wasser erhitzen, 5 Minuten kochen, dann abkühlen lassen. • Die Johannisbeeren waschen, abtropfen lassen und einige Rispen zum Garnieren beiseite legen. Die übrigen Beeren von den Stielen zupfen und pürieren. • 3 Kiwis schälen, in Stücke schneiden und ebenfalls pürieren. Jeweils die Hälfte des Zuckersirups unter die Pürees mischen. • Den Cassis und den Rotwein unter das Johannisbeerpüree, den Sekt und den Rum unter das Kiwipüree rühren. • Beide Pürees in Metallschüsseln füllen, zudecken und im Gefriergerät in 1 Stunde halbfest werden lassen, dabei in kurzen Abständen durchrühren. • Die Eiweiße zu steifem Schnee schlagen und unter die Pürees ziehen. Die Sorbets in 1 weiteren Stunde gefrieren lassen. • Die vierte Kiwi schälen und in Scheiben schneiden. • Mit dem Eisportionierer rote und grüne Kugeln abstechen, in Dessert- oder Weingläser füllen und mit Kiwischeiben und Johannisbeeren garnieren.

# Cassis-Sorbet in Marzipanblüten

Eine außergewöhnliche Art, Sorbet zu servieren

| Zutaten für 6 Personen: |
|---|
| 750 g schwarze Johannisbeeren |
| 4 Pfefferminze- oder Zitronenmelisseblättchen |
| 250 g Puderzucker |
| Saft von 1 Zitrone oder Limette |
| 8 Eßl. Maraschinolikör |
| 200 g Marzipan-Rohmasse |
| 1 Eiweiß |
| 2 gehäufte Eßl. Gelierzucker |
| 8 Eßl. Eierlikör |
| 4 Eßl. Grenadinesirup |

**Etwas schwierig**
**Berühmtes Rezept**

Pro Person etwa 2010 kJ/ 480 kcal · 7 g Eiweiß
7 g Fett · 24 g Kohlenhydrate

Zubereitungszeit: 1 Stunde
Zeit zum Gefrieren: 2½ Stunden

Die Johannisbeeren waschen und auf Küchenpapier abtropfen lassen. • Die Pfefferminze- oder Zitronenmelisseblättchen waschen, trockentupfen und hakken. • Den Puderzucker sieben. • Die Johannisbeeren von den Rispen zupfen, durch ein Haarsieb passieren und mit dem Zitronen- oder Limettensaft, mit 200 g Puderzucker, den gehackten Kräutern und 6 Eßlöffeln Maraschinolikör verrühren. • Das Püree in eine Metallschüssel füllen, zudekken und in 2 ½ Stunden im Gefriergerät fest werden lassen. Die Masse während der Gefrierzeit halbstündig gut durchrühren und wieder gefrieren lassen. • Die Marzipan-Rohmasse mit dem restlichen Puderzucker verkneten und mit so viel vom übrigen Maraschinolikör parfümieren, daß eine geschmeidige Masse entsteht. • Den nicht verbrauchten Maraschinolikör beim nächsten Durchrühren unter das Sorbet mischen. • Das Marzipan auf einer mit Puderzucker besiebten Arbeitsfläche ½ cm dick ausrollen. Entweder 6 Sterne von 8 cm oder Kreise von 10 cm Durchmesser ausstechen und aus den Kreisen in gleichmäßigem Abstand Zakken ausschneiden. • 6 Tassen mit Klarsichtfolie auslegen. Die Sterne mit den Zacken nach oben leicht in die Tassen drücken und die Tassen ins Gefriergerät stellen. • Das Eiweiß steif schlagen und den Gelierzucker 2 Minuten lang unter den Eischnee schlagen. Den Eischnee nach 2 Stunden unter das völlig gefrorene und cremig gerührte Cassis-Sorbet mischen und dieses weitere 30 Minuten gefrieren lassen. • Die Marzipanblüten auf Desserttellern anrichten und jede Blüte mit 2 kleinen Kugeln oder nur 1 großen Kugel vom Sorbet füllen. • Um jede Marzipanblüte 2 Eßlöffel vom Eierlikör gießen und auf den Eierlikör den Grenadinesirup. Sirup und Likör mit einem Holzspießchen spiralartig ineinanderziehen und das Dessert sofort servieren.

Unser Tip: Statt des Maraschinolikörs kann auch der französische Cassis, ein schwarzer Johannisbeerlikör, verwendet werden. – Wem das Dessert allerdings zu reich an Alkohol ist, der umgießt die Marzipanblüten vor dem Servieren statt mit Eierlikör mit cremig geschlagener Sahne und marmoriert die Sahne mit frischem Himbeerpüree.

# Herbe Sorbets

Beide Sorbets sind gut als Zwischengang bei festlichen Menüs geeignet

## Kräuter-Sorbet

im Bild links

je 1 Eßl. frisch feingehackte Zitronenmelisse, Pfefferminze und Dill
je ⅛ l Portwein und Wasser
Saft von 1 Zitrone
1 Eiweiß
30 g Zuckerrohrgranulat
Zum Garnieren:
einige Pfefferminze- oder Zitronenmelisseblättchen

**Vollwertrezept • Preiswert**

Pro Person etwa 290 kJ/
70 kcal · 3 g Eiweiß
0 g Fett · 8 g Kohlenhydrate

Zubereitungszeit: 15 Minuten
Zeit zum Gefrieren: 1–3 Stunden
Zeit zum Fertigstellen:
20 Minuten

Die gehackten Kräuter, den Portwein, das Wasser, den Zitronensaft, das Eiweiß und das Zuckerrohrgranulat in den Mixer geben und alles in etwa 20 Sekunden durchmischen. • Die Masse in eine Metallschüssel füllen, mit Alufolie abdecken und in 1 bis 3 Stunden im Gefriergerät fest werden lassen. Während der Gefrierzeit die Masse stündlich aus dem Gerät nehmen, gut durchrühren und wieder gefrieren lassen. • Die Pfefferminze- oder die Zitronenmelisseblättchen waschen und trockentupfen. • Vom Sorbet entweder mit einem Löffel Nocken abstechen, auf Tellern anrichten und mit den Kräutern umlegen oder das Sorbet in Weißweingläser füllen und mit den Blättchen garnieren.

## Rote-Bete-Sorbet

im Bild rechts

1 kleine rote Bete von etwa 100 g
¼ l Wasser
100 g frisches Ananas-Fruchtfleisch
50 g Honig · 2 Eßl. Gin
Saft von 1 Zitrone
abgeriebene Schale von ½ ungespritzten Zitrone
1 Eiweiß
1 Prise gemahlene Nelken
Zum Garnieren:
einige frische Basilikumblättchen oder Petersilienzweige

**Vollwertrezept • Preiswert**

Pro Person etwa 375 kJ/
90 kcal · 4 g Eiweiß
0 g Fett · 17 g Kohlenhydrate

Vorbereitungszeit: 20 Minuten
Garzeit: 15 Minuten
Zeit zum Gefrieren: 2–3 Stunden
Zeit zum Fertigstellen:
15 Minuten

Die rote Bete waschen, dünn schälen, würfeln und mit dem Wasser zugedeckt bei schwacher Hitze 15 Minuten kochen, dann abkühlen lassen. • Inzwischen das Ananas-Fruchtfleisch würfeln und mit den abgekühlten Würfeln der roten Bete, der Kochflüssigkeit, dem Honig, dem Gin, dem Zitronensaft, der Zitronenschale, dem Eiweiß und dem Nelkenpulver im Mixer in etwa 1 Minute fein pürieren. • Die Masse in eine Metallschüssel füllen, mit Alufolie abdecken und in 2 bis 3 Stunden im Gefriergerät fest werden lassen. Während der Gefrierzeit die Masse stündlich gut durchrühren und wieder gefrieren lassen. • Die Basilikumblättchen oder die Petersilienzweige waschen und trockentupfen. • Vom Sorbet mit dem Eisportionierer Kugeln abnehmen, in Weingläser füllen und mit den Kräuterblättchen garnieren.

# Champagner-Sorbet

Ein feines Sommerfest-Dessert, zu dem man Löffelbiskuits reicht

- 175 g Zucker
- ⅛ l Wasser
- 0,4 l trockener Champagner (sec oder brut)
- Saft von 3 Mandarinen oder 1 großen Orange
- 100 g Walderdbeeren
- 100 g Himbeeren
- 1 großer reifer Pfirsich
- 4 Eßl. Orangenlikör (Cointreau)
- 8 kleine Blättchen Pfefferminze oder Zitronenmelisse

**Etwas teurer**
**Spezialität aus Frankreich**

Pro Person etwa 1590 kJ/
380 kcal · 2 g Eiweiß
1 g Fett · 67 g Kohlenhydrate

Zubereitungszeit: 30 Minuten
Zeit zum Gefrieren:
1½ Stunden

Den Zucker mit dem Wasser unter Umrühren aufkochen und anschließend in Eiswürfelwasser kalt werden lassen. • Den kalten Zuckersirup mit dem gut gekühlten Champagner und dem Mandarinensaft in eine Sorbetiere füllen und darin nach Vorschrift in der Gebrauchsanweisung fest werden lassen. Oder die Sorbetmasse in der elektrischen Eismaschine gefrieren lassen. • Inzwischen die Beeren einige Male in stehendem Wasser waschen und abtropfen lassen. • Den Pfirsich mit einer Gabel mehrmals einstechen, in kochendes Wasser tauchen, die Haut abziehen, die Frucht halbieren und den Stein entfernen. • Den Pfirsich würfeln, mit den Beeren mischen, den Likör unterheben und den Fruchtsalat zugedeckt im Kühlschrank marinieren lassen. • Vier Champagnerschalen ins Eiswürfelfach stellen. • Die Kräuterblättchen waschen und trockentupfen. • Vom Sorbet mit einem Eisportionierer Kugeln abstechen, diese in die Champagnerschalen geben und mit den Kräuterblättchen bestecken. • Den Fruchtsalat mit der Marinierflüssigkeit über die Sorbets geben und diese sofort servieren.

# Feine Frucht-Granités

Granité bedeutet körnig, man spürt also kleine Kristalle auf der Zunge

## Pfirsich-Granité

im Bild links

- 300 g reife Pfirsiche
- Saft von ½ Zitrone
- 3 Eßl. heller Blütenhonig
- 1 Messerspitze gemahlene Vanille
- 0,2 l trockener Sekt
- Zum Garnieren:
- 3 getrocknete Pfirsichhälften

**Vollwertrezept**
**Etwas teurer**

Pro Person etwa 750 kJ/
180 kcal · 1 g Eiweiß
0 g Fett · 34 g Kohlenhydrate

Zubereitungszeit: 20 Minuten
Zeit zum Gefrieren: 2 Stunden
Zeit zum Fertigstellen:
15 Minuten

Die Pfirsiche mit einer Gabel mehrmals einstechen, kurz in kochendes Wasser tauchen und die Früchte häuten. Die Pfirsiche halbieren, die Steine entfernen und das Fruchtfleisch würfeln. • Die Pfirsichwürfel mit dem Zitronensaft, dem Honig, der Vanille und dem Sekt in den Mixer füllen und alles in etwa 1 Minute pürieren. • Die Masse in eine Metallschüssel füllen, mit Alufolie abdecken und in etwa 2 Stunden im Gefriergerät fest werden lassen. Während der Gefrierzeit die Masse alle 30 Minuten aus dem Gerät nehmen, gründlich durchrühren und wieder gefrieren lassen. • Die getrockneten Pfirsichhälften sehr klein würfeln. • Vom Granité mit einem Eisportionierer Kugeln abstechen, diese in Dessertgläser verteilen und mit den Pfirsichwürfeln bestreuen.

## Melonen-Granité

im Bild rechts

- 1 kg Wassermelone
- 3 Eßl. Limettensaft
- 3 Teel. Puderzucker
- Zum Garnieren:
- 4 Blättchen Zitronenmelisse
- 4 Eßl. gut gekühlter Kirschlikör

**Gelingt leicht • Preiswert**

Pro Person etwa 545 kJ/
130 kcal · 2 g Eiweiß
1 g Fett · 18 g Kohlenhydrate

Zubereitungszeit: 30 Minuten
Zeit zum Gefrieren: 2 Stunden

Die Melone in Spalten schneiden, die Spalten schälen, von den Kernen befreien und 2 Spalten zum Garnieren in den Kühlschrank stellen. • Die übrige Melone würfeln und mit dem Limettensaft und dem Puderzucker pürieren. Das Melonenpüree in eine flache (Eiswürfel-)Schale füllen, mit Alufolie abdecken und in 2 Stunden im Gefriergerät fest werden lassen. Sobald das Püree etwa ½ cm breit am Rand der Schale zu gefrieren beginnt, jedesmal behutsam mit einem Löffel durchrühren, so daß sich die festen Kristalle mit dem noch flüssigen Püree vermischen. Diesen Vorgang einige Male wiederholen, bis das Püree völlig kristallisiert ist. • Das Granité mit einem Löffel in vier Dessertgläser verteilen und mit den gewaschenen Melisseblättchen und den halbierten Melonenspalten garnieren. Über jede Portion 1 Eßlöffel vom Kirschlikör träufeln.

# Ananas mit Limettensorbet

Eine exquisite und dekorative Art, Sorbet zu servieren

- 1 Ananas von etwa 1 kg
- 1 schwach gehäufter Eßl. Puderzucker
- 4 Eßl. Maraschinolikör
- 12 Kugeln Limettensorbet
- je 25 g Kokosraspel, gehackte Pistazien und Krokant
- 150 g Johannisbeergelee
- Saft von ½ Limette

**Etwas teurer**
**Berühmtes Rezept**

Pro Person etwa 2180 kJ/
520 kcal · 5 g Eiweiß
20 g Fett · 54 g Kohlenhydrate

Zubereitungszeit: 30 Minuten
Marinierzeit: 2 Stunden

Von der Ananas 1 dünne Scheibe mit der Blattkrone abschneiden und diese aufbewahren. • Die Ananas großzügig schälen und in 1 cm dicke Scheiben schneiden. Mit einer Ausstechform von etwa 3 cm Durchmesser die holzige Mitte aus den Scheiben ausstechen. • Den Puderzucker mit dem Maraschinolikör verrühren, über die Ananasscheiben träufeln und diese zugedeckt 2 Stunden im Kühlschrank marinieren. • Eine große Tortenplatte mit Rand im Gefriergerät eiskalt werden lassen. • 4 Kugeln vom Limettensorbet in den Kokosraspeln wenden, 4 in den Pistazien und 4 im Krokant. Die Kugeln im Gefriergerät wieder fest werden lassen. • Das Johannisbeergelee mit dem Limettensaft und der Marinierflüssigkeit von der Ananas verrühren und kühl stellen. • Die Ananasscheiben auf der Tortenplatte anrichten. Die Sorbetkugeln auf die Ananasscheiben und in die Mitte der Platte legen. Die Platte mit der Blattkrone garnieren. Die Johannisbeersauce über die Ananasscheiben träufeln.

Unser Tip: Das Limettensorbet können Sie nach dem Rezept für das Champagner-Sorbet auf Seite 123 zubereiten; statt Champagner den Saft von 5 Limetten und ¼ l Weißwein verwenden.

# Citrons givrés

Givré heißt aus dem Französischen übersetzt bereift, vereist

| Zutaten für 8 Personen: |
|---|
| 8 große ungespritzte Zitronen |
| ¼ l Weißwein |
| 150 g Zucker |
| 1 Eiweiß |
| 1 Prise Salz |
| 50 g Zitronat |
| 2 Eßl. Orangenlikör |

**Spezialität aus Frankreich**
**Etwas schwierig**

Pro Person etwa 710 kJ/
170 kcal · 2 g Eiweiß
5 g Fett · 32 g Kohlenhydrate

Zubereitungszeit: 30 Minuten
Zeit zum Gefrieren:
4½ Stunden

Die Zitronen warm waschen, abtrocknen und längs eine Kappe abschneiden. Die Zitronen aushöhlen, die Schalen mit den Kappen in Alufolie hüllen und ins Gefriergerät legen. • Den Wein mit dem Zucker unter Umrühren 5 Minuten leicht kochen und kalt werden lassen. • Vom Fruchtfleisch der Zitronen die groben, in der Fruchtmitte liegenden Bindehäute und die Kerne entfernen; feine Häutchen im Fruchtfleisch lassen, sie geben Aroma. • Das Fruchtfleisch im Mixer pürieren. Das Püree mit dem kalten Wein verrühren, in eine Schüssel füllen, mit Alufolie abdecken und in 4 Stunden im Gefriergerät fest werden lassen. • Nach knapp 4 Stunden das Eiweiß mit dem Salz zu steifem Schnee schlagen. Das Zitronat feinwürfeln und mit dem Likör unter den Eischnee heben. • Die gefrorene Fruchtmasse im Mixer fein zerkleinern und mit dem gewürzten Eischnee mischen. • Die Masse in die Zitronenschalen füllen, die Deckel auflegen und die Zitronen weitere 30 Minuten ins Gefriergerät stellen. • Die Zitronen 15 Minuten vor dem Servieren aus dem Gefriergerät nehmen.

Unser Tip: Das gleiche Dessert läßt sich auch mit Orangen und mit Mandarinen bereiten.

# Eistorte auf Baiserboden

Köstlich und süß, das Richtige zum Schlemmen und Feiern

| |
|---|
| Zutaten für 1 Springform von 24 cm Durchmesser: |
| Für den Baiserboden: |
| ⅛ l Eiweiß (von etwa 4 Eiern) |
| 150 g feiner Kristallzucker |
| 100 g Puderzucker |
| 2 Eßl. Speisestärke |
| Für die Eistorte: |
| 100 g Sultaninen |
| ⅛ l Rum |
| 1 Eßl. Zitronensaft |
| 6 Eigelbe |
| 100 g Puderzucker |
| 2 Eßl. Vanillezucker |
| ½ Vanilleschote |
| 1 l Sahne |
| 150 g zartbittere Schokolade |
| 100 g Schokoladenkuvertüre |
| 50 g Borkenschokolade |

**Braucht etwas Zeit**
**Etwas schwierig**

Bei 12 Portionen pro Person etwa 2730 kJ/650 kcal · 14 g Eiweiß 38 g Fett · 44 g Kohlenhydrate

Zubereitungszeit: 1½ Stunden
Backzeit: 3 Stunden
Gefrierzeit: 5 Stunden

Die Eiweiße steif schlagen und dabei langsam den Kristallzucker einrieseln lassen. Den Puderzucker mit der Speisestärke über den Eischnee sieben und mit einem Rührlöffel unterziehen. • Den Backofen auf 100° vorheizen. Das Backblech mit Backpapier auslegen. • Die Springform auf das Blech stellen und mit einem Stift deren Größe nachziehen. • Das Baiser in einen Spritzbeutel mit Sterntülle füllen und den Kreis auf dem Papier spiralartig mit Baiser ausfüllen. • Den Tortenboden auf der mittleren Schiene im Backofen in 3 Stunden mehr trocknen lassen als backen. Die Backofentüre mit einem Kochlöffelstiel einen Spaltbreit offen halten. • Die Sultaninen heiß waschen, abtropfen lassen und mit dem Rum und dem Zitronensaft übergießen. • Die Eigelbe mit dem Puderzucker und dem Vanillezucker weißschaumig schlagen. • Die Vanilleschote längs aufschneiden, das Mark herausschaben und unter die Eigelbcreme mischen. • 0,6 l Sahne steif schlagen, die Hälfte davon unter die Vanillecreme ziehen. Die Creme in die Springform füllen und im Gefriergerät leicht anfrieren lassen. • Die Schokolade und die Kuvertüre in Stücke brechen und zusammen im heißen Wasserbad schmelzen lassen, dabei 0,2 l flüssige Sahne unterrühren. Den Rum von den Sultaninen und die übrige Schlagsahne unter die Schokoladenmasse mischen. • Die Sultaninen auf dem Vanilleeis verteilen, die Schokoladencreme darüberstreichen. • Die restliche Sahne steif schlagen, in einen Spritzbeutel mit Sterntülle füllen. • Den Rand der Torte mit einem Messer vom Rand lösen, den Formboden kurz über Wasserdampf halten und die Eistorte auf den kalten Baiserboden gleiten lassen. Auf der Torte 12 Stücke markieren. Jedes Stück mit 1 Sahnegirlande und der Borkenschokolade verzieren. • Die Torte bis zum Servieren ins Gefriergerät stellen.

# Wichtige Zutaten für Desserts

Frisches Obst von guter Qualität ist bei der Zubereitung von Desserts unersätzlich. Außerdem gilt es als wesentlicher Bestandteil einer ausgewogenen Ernährung. Es liefert Kohlenhydrate, Mineralstoffe und Vitamine in ernährungsphysiologisch bedeutsamen Mengen. Da viele Obstsorten einen Wasseranteil von 80 bis 85% aufweisen, hält sich der Joule-/Kaloriengehalt in Grenzen.
Frische Früchte gibt es das ganze Jahr über in reicher Auswahl. Es empfiehlt sich jedoch, das Angebot der jeweiligen Saison zu nutzen. Das Obst schmeckt dann am besten und ist nicht so teuer.
Exotische Früchte bereichern den Dessertteller vor allem in den Wintermonaten.
Beerenfrüchte, Steinobst und Birnen sind meist nur kurze Zeit erhältlich, während man Äpfel das ganze Jahr über kaufen kann.
Aprikosen, blanchierte Äpfel und Birnen, Kirschen, Pfirsiche, Mirabellen, Zwetschgen, Rhabarber, Beerenobst, aber auch Ananas, Grapefruits, Orangen, Guavas und Kiwis eignen sich gut zum Einfrieren.

**Ananas**
Saison: das ganze Jahr über.
Als Sammelfrucht einer 80 bis 100 cm hohen Staude wird sie heute in allen tropischen Gebieten angebaut. Sie schmeckt fruchtig süß-sauer. Reife Früchte duften sehr intensiv, ihre goldbraune, stachelige Schale gibt am Stielansatz auf Fingerdruck leicht nach. Wie man Ananas am besten schält, zeigen die Schritt-für-Schritt-Fotos auf Seite 12.
Ananas werden vielseitig zu den verschiedensten Fleischgerichten, Toasts, Mixgetränken, Desserts und Obstsalaten verwendet. Sie sind aber auch »pur«, in Scheiben geschnitten, mit ein paar Tropfen Cognac parfümiert und mit Schlagsahne garniert ein exquisiter Nachtisch. *Babyananas* sind eine besonders kleine, sehr wohlschmeckende Neuzüchtung mit einer dünneren Schale.

**Maracuja**
(Passionsfrüchte, Grenadille)
Saison: von August bis April.
Passionsfrüchte kommen aus Ostund Südafrika, Formosa, Südamerika, Kalifornien und Australien. Die gelben oder dunkelvioletten Früchte haben ein starkes Aroma, das an Erdbeeren und Aprikosen erinnert, saftiges grüngraues Fruchtfleisch mit vielen kleinen Kernen durchsetzt, die man mitißt. Wenn die Haut der pflaumenartigen Früchte bereits schrumpelig ist, schmecken Maracuja noch gut, sollten aber bald verzehrt werden. Man schneidet die Früchte auf und löffelt die geleeartige Masse aus.

**Kiwis**
Saison: das ganze Jahr über.
Die etwa hühnereigroßen Früchte mit saftigem, grünem Fruchtfleisch und brauner, behaarter Haut kommen meist aus Neuseeland, aber auch aus den USA, Spanien und Frankreich. Wenn die Früchte auf Fingerdruck nachgeben, sind sie vollreif. Harte Kiwis reifen bei Zimmertemperatur noch etwas nach; man kann sie 2 Wochen aufbewahren. Reife Kiwis bis zum Verzehr in den Kühlschrank legen. Kiwis sind besonders reich an Vitamin C und sehr kalorienarm. Sie werden immer geschält. In Scheiben oder Spalten geschnitten sind Kiwis außerordentlich vielseitig verwendbar.

**Kapstachelbeeren**
Saison: von Dezember bis Juli.
Sie stammen aus Peru, werden heute aber in allen tropischen Ländern angebaut. Die grün-gelben bis leuchtendgelben Beeren sitzen in einer papierähnlichen Haut, dem Blütenkelch der Pflanze. Man ißt Kapstachelbeeren frisch oder bereitet sie wie anderes Beerenobst zu. Sie schmecken süß-sauer und geben Salaten eine raffinierte Komponente.

**Stachelbeeren**
Saison: von Juni bis August.
Sie stammen aus dem Westhimalaya und aus Südeuropa. Heute sind sie in allen gemäßigten Zonen verbreitet. Reife Beeren sind gelb-grün, rosafarben bis hellbraun, manche Sorten sind behaart, andere haben eine glatte Haut. Aus noch grünen und unreifen Beeren bereitet man Marmelade und Kompott, vollreife Beeren sollten bald verzehrt werden.

**Mangos**
Saison: das ganze Jahr über.
Bis zu 3 kg schwere Früchte des indischen Mangobaumes, der heute in allen tropischen Gebieten kultiviert wird. Die Mangofrucht ist birnen- oder nierenförmig mit grün-roter Schale, die man mit einem spitzen Messer einritzt und abzieht. Das saftige, goldgelbe Fruchtfleisch schneidet man in Spalten vom Stein. Die Reife der Früchte kann man riechen, vollreif entwickeln sie ein stark ausgeprägtes Aroma und schmecken fruchtig-süß. Mangos sind vielseitig verwendbar für Fruchtsalate, Cremespeisen, Bowle, zum Belegen von Torten und schmecken auch zu Geflügel, Käse oder Schinken.

**Papayas**
Saison: von Oktober bis Juni.
Die grün-gelben, birnenförmigen Früchte geben in vollreifem Zustand auf Fingerdruck leicht nach und haben ein kräftig orangerotes Fruchtfleisch. In Südamerika beheimatet, werden sie heute in allen tropischen und subtropischen Ländern kultiviert.
Papayas schmecken vor allem süß und haben wenig Eigengeschmack.

# Früchte aus aller Welt

Sie sind reich an Vitamin A. Die Kerne werden entfernt. Das Fruchtfleisch löst man aus der Schale, schneidet es in Spalten und parfümiert es mit etwas Zitronensaft, Likör oder Rum. Papayas eignen sich für Fruchtsalate, Cremespeisen, als Garnierung von kalten Platten oder kurz in Butter gebraten als Beilage zu zartem Fleisch.

**Feigen**
Saison: von Juni bis November, in den übrigen Monaten seltener erhältlich.
Ursprünglich beheimatet in Kleinasien, wird der immergrüne Feigenbaum heute auch im Mittelmeerraum, in Südafrika, Kalifornien und Südamerika kultiviert. Frische Feigen sind 50 bis 70 g schwer und schmecken süß. Ihr Aroma entfalten sie gekühlt am besten. Man sollte sie möglichst rasch verbrauchen. Es gibt Sorten mit gelber und mit blau-grüner bis violetter Schale. Reife Feigen sind weich, die Schale muß fleckenlos sein und nicht klebrig.
Frische Feigen ißt man »pur«, geschält oder ungeschält, mit etwas Cognac beträufelt. Sie schmekken aber auch mit Weinschaum oder Vanillecreme kombiniert, in Fruchtsalaten, zu Schinken, geräuchertem Fisch und zarten Fleischgerichten.

**Kaki**
(Kakipflaumen, Dattelpflaumen, Kakifeigen)
Saison: von November bis März.
Früchte eines ostasiatischen Ebenholzbaumes, der heute auch in Südeuropa, Nordamerika und Brasilien angebaut wird. Kaki sind orangerot, in reifem Zustand weich und etwas dunkler und haben die Form von großen Tomaten.
Gerbsäurereiche Sorten schmekken eigenwillig herb, wenn sie nicht voll ausgereift sind. Kakifrüchte enthalten besonders viel Karotin, ihr Aroma erinnert an Aprikosen und Pfirsiche. *Sharonfrüchte,* eine Kaki-Neuzüchtung aus dem israelischen Sharontal, sind gerbsäurefrei und schmekken daher auch gut mit festem Fruchtfleisch. Die kleineren hellorangefarbenen Früchte gibt es von März bis Mai.

**Aprikosen**
(Marillen)
Saison: von Mai bis September.
Die orangegelben, den Pflaumen verwandten Steinfrüchte mit dem feinsäuerlichen Aroma und der samtigen Haut enthalten das meiste Karotin unter den Obstsorten. Aprikosen stammen aus China und gedeihen in allen sonnenreichen Landschaften. Sie reifen bei Raumtemperatur noch etwas nach; man kann sie 2 bis 3 Tage aufbewahren. Für Kompott oder zum Herstellen von Marmelade eignen sich auch die nicht ganz reifen Früchte, zum Rohessen sollten sie vollreif sein.

**Pfirsiche**
Saison: von Mai bis September.
Pfirsiche werden hauptsächlich in südeuropäischen Ländern und in Kalifornien angebaut. Die apfelgroßen Früchte mit der samtigen Haut haben einen harten Stein, der den ölhaltigen Samen umschließt. Das weiß-gelbe oder goldgelbe Fruchtfleisch ist saftig und aromatisch süß. Noch nicht ganz reife, harte Früchte reifen bei Raumtemperatur etwas nach; vollreif sollte man sie höchstens 2 Tage im Kühlschrank lagern. Für Desserts werden sie meistens gehäutet; dafür die Frucht heiß überbrühen oder 2 Minuten in kochendes Wasser legen, dann die Haut abziehen.
Kullerpfirsich oder Pfirsichbowle und Pfirsich Melba sind beliebte Sommererfrischungen.

**Nektarinen**
Saison: von Mai bis August.
Eine Kreuzung aus Pflaume und Pfirsich. Die Haut ist rot und gelb, glatt und glänzend. Nektarinen werden in Japan, Kalifornien und Südafrika angebaut, aber auch in südeuropäischen Ländern.
Nektarinen haben auch vollreif ein recht festes Fruchtfleisch, zu weiche Früchte sind überreif und verderben rasch.

**Melonen**
Sie gehören zur Familie der Kürbisgewächse. Man unterscheidet grundsätzlich Zucker- und Wassermelonen. Zu den *Zuckermelonen* zählen Netzmelone, Honigmelone, Kantalupe und Ogenmelone. Honigmelonen haben ein gelblich-grünes bis orangerotes, honigsüßes Fruchtfleisch. Reife Früchte duften aromatisch. Netzmelonen haben eine netzartig gemusterte Schale, Kantalupe sind weiß bis grün-gelb, sie werden fußballgroß. Ihr Fruchtfleisch ist aprikosenfarbig und schmeckt ausgesprochen würzig. *Wassermelonen* haben eine dunkelgrüne Schale und ein leuchtendrotes Fruchtfleisch mit vielen dunklen Kernen. Sie bestehen zu 95% aus Wasser. Eine reife Wassermelone klingt hohl, wenn man gegen die Schale klopft.

**Pflaumen**
Saison: von Juli bis Oktober.
Es gibt eine Vielzahl von Pflaumensorten und es fällt schwer, die kugeligen oder eiförmigen Steinfrüchte zu unterscheiden. Zur großen Familie gehören nicht nur

# Wichtige Zutaten für Desserts

die großen, runden, blau-violetten Edelpflaumen, sondern auch die runden roten Eierpflaumen, die kleinen gelben Mirabellen, die grün-gelblichen Reineclauden (Renekloden, Ringlotten) und die ovalen blauen Zwetschgen. Je nach Sorte schmecken Pflaumen süß bis säuerlich. Beim Einkaufen Früchte mit trockener, nicht runzeliger Haut wählen. Zum Rohessen eignen sich frühe Sorten wegen ihres weicheren Fruchtfleisches, als Kuchenbelag und zum Einkochen und Einfrieren spätere Sorten, besonders Zwetschgen, die mehr Fruchtzucker und weniger Wasser enthalten.

**Kirschen**
Saison: von Mai bis August.
Man unterscheidet die gelb-roten und dunkelrot bis schwarzen Süßkirschen (Herzkirschen und kleine Knorpelkirschen) und rote bis dunkelrote Sauerkirschen wie Weichseln und Schattenmorellen. Die saftigen Schwarzkirschen zählen zu den späten Sorten.

**Erdbeeren**
Bild Seite 129
Saison: von Ende Mai bis Juli.
Von den vielen verschiedenen Kulturerdbeersorten schmecken die kleinen, dunkelroten am aromatischsten. Die echten Walderdbeeren werden selten und nur in kleinen Mengen angeboten. Beim Einkauf sollte man auf reife, trockene Früchte ohne Druckstellen Wert legen. Erdbeeren möglichst noch am Einkaufstag verzehren.

**Himbeeren**
Bild Seite 129
Saison: von Juni bis September.
Die zarten Himbeeren wachsen wild in allen gemäßigten Klimazonen. Waldhimbeeren sind aromatischer als Gartenhimbeeren. Die kegelförmigen oder runden Beeren schmecken süß-aromatisch und werden zu Marmelade, Gelee, Konfitüre, Saft, Sirup und Eiscreme verarbeitet. Frische Himbeeren wegen ihrer Druckempfindlichkeit immer erst zuletzt unter den Fruchtsalat heben. Sie sollten möglichst am Einkaufstag verzehrt werden. Ansonsten die Früchte auf einem Tablett ausgebreitet kühl stellen.

**Brombeeren**
Saison: von Juli bis Oktober.
Die blauschwarz glänzenden Beeren wachsen wild an Waldrändern, werden aber auch kultiviert. Waldbeeren sind kleiner, aber aromatischer. Im Gegensatz zu Himbeeren lösen sich Brombeeren nur vollreif vom Stiel.

**Heidelbeeren**
(Blaubeeren, Schwarzbeeren, Bickbeeren)
Saison: von Juli bis September.
Die mattblauen, süßsäuerlich schmeckenden Beeren wachsen wild in Wäldern und Mooren. Sie sind sehr vitaminreich und schmecken frisch gepflückt, mit Zukker bestreut und mit Schlagsahnehaube, am allerbesten. Kulturheidelbeeren sind größer, können geschmacklich aber nicht mit Waldbeeren konkurrieren.

**Johannisbeeren**
(Ribiseln)
Saison: von Juni bis August.
Rote, schwarze und weiße Beeren des Johannisbeerstrauches. Rote Beeren schmecken säuerlichherb, schwarze eher etwas bitter. Die schwarzen Beeren haben den höchsten Vitamin-C-Gehalt aller Beerenarten und enthalten sehr viel Kalium. Weiße Beeren gibt es nur selten zu kaufen, sie verderben sehr rasch.

**Weintrauben**
Saison: von Juli bis Oktober.
In den Monaten Januar bis Juli werden sie aus Chile, Argentinien und Südafrika importiert.
Zu 85% werden sie zu Wein verarbeitet, 5% der gesamten Ernte wird getrocknet und als Rosinen, Sultaninen und Korinthen verkauft, lediglich 10% entfallen auf das sogenannte Tafelobst. Tafeltrauben sind blau, gelb oder grün und haben eine mehr oder weniger dünne Haut. Kerne und Schalen regen als Ballaststoffe die Verdauung an. Der hohe Anteil an Traubenzucker macht die süßen Beeren kalorienreich. Trauben werden hauptsächlich in Italien, Spanien, Frankreich und Griechenland geerntet. Bekannte Sorten sind die Muskattrauben, die zart nach Muskat duften, und Datteltrauben, die groß und fest sind und die Form von Datteln haben. Reginatrauben sind eine besonders süße Datteltraubensorte, die ab Mitte August geerntet wird.

**Orangen**
(Apfelsinen)
Saison: von November bis Juni, in den übrigen Monaten seltener erhältlich.
Die Südfrucht schlechthin. Orangen kommen in den Saisonmonaten (Winter) aus Spanien, Israel und Marokko, im Sommer aus Südafrika, Argentinien, Brasilien. Die Farbe der Schale läßt nicht auf die Qualität der Früchte rückschließen. Orangen mit blasser Schale sind genauso reif wie orangerote. Man erkennt daran die Sorten Blond-, Blut- und Halbblutorangen; Navelorangen sind kräftig orangefarben, kernlos und mild im Geschmack. Es gibt unzählige weitere Apfelsinenarten. Soll die Schale abgerieben oder für Julienne verwendet werden, kauft man Früchte mit unbehandelter Schale.

**Mandarinen**
Saison: von Oktober bis Februar.
Kleine Zitrusfrüchte mit süß-aromatischem Fruchtfleisch, mit Kernen und dünner, nicht festhaftender Schale.

# Früchte aus aller Welt

*Satsumas* sind eine frühreife Art, stammen aus Japan und haben kaum Kerne. *Clementinen* sind eine Kreuzung aus Mandarinen und Pomeranzen; sie kommen von November bis Januar auf den Markt. Mandarinen stammen aus China, werden heute jedoch auch auf Java, Sumatra und in Südeuropa geerntet.

**Grapefruits**
Saison: von Oktober bis Mai, seltener in den übrigen Monaten erhältlich.
Grapefruits sind eine Kreuzung aus Orange und Zitrone. Das gelbe bis rosarote, fast kernlose Fruchtfleisch schmeckt fruchtig-herb bis säuerlich-bitter, rosafleischige Früchte sind milder im Geschmack. Grapefruits kommen aus den USA, aus Israel, Spanien und Afrika. Zum Verzehr halbiert man sie, bestreut das Fruchtfleisch mit etwas Zucker und sticht es mit einem Teelöffel aus den Hautsegmenten.
Obstsalate kann man dekorativ in den Schalenhälften anrichten.

**Bananen**
Saison: das ganze Jahr über.
Bananen gehören zu den ältesten Kulturfrüchten und kommen vorwiegend aus Westindien, Mittel- und Südamerika, von den Kanaren und aus Afrika. Die Bananenpflanze trägt neben den großen Blättern 8 bis 14 Bananenhände mit jeweils bis zu 20 Bananen, die nach 3½ Monaten reif zum Ernteschnitt sind. Das hellgelbe Fruchtfleisch enthält wenig Fruchtsäure. Während des Reifeprozesses wandelt sich die Stärke in Zucker um. Die Bananen werden dann weich und süß. Kleine braune Punkte auf der Schale zeigen Vollreife an. Am besten ist es, die Früchte reif, aber noch fest einzukaufen. Man kann sie dann gut 1 Woche bei Raumtemperatur aufbewahren. Da sie sich nach dem Schälen schnell braun verfärben, sollte man das Fruchtfleisch sofort mit Zitronensaft beträufeln. Bananen sind in Scheiben geschnitten Bestandteil von Fruchtsalaten, sie werden halbiert in Butter gebraten und eventuell flambiert oder auch püriert zu Cremespeisen verarbeitet.

**Äpfel**
Saison: der guten Lagerfähigkeit wegen das ganze Jahr über.
Schon in vorchristlicher Zeit waren mindestens 3 Wildsorten bekannt. Heute wird eine unüberschaubare Menge von Sorten angeboten, die in ihrer Beschaffenheit festgesetzten Qualitätsnormen entsprechen müssen und in bestimmte Güteklassen unterteilt werden. Tafeläpfel sind Früchte allerbester Qualität. Äpfel aus biologischem Anbau glänzen in der Regel nicht in makelloser Schönheit, entschädigen aber meist durch vollkommenes Aroma.
Die meistverkauften Apfelsorten deutscher Herkunft sind Gravensteiner, James Grieve, Cox Orange, Boskop, Ingrid Marie, Golden Delicious, Glockenapfel, Jonathan, Gloster, Jonagold und Goldparmäne. In unseren Rezepten werden häufig Boskop oder Cox Orange empfohlen. Boskop ist ein mürber, säuerlich schmekkender, typischer Winterapfel. Er eignet sich besonders gut zum Kochen und Backen. Cox Orange enthält sehr dezente Fruchtsäuren und paßt daher gut in Fruchtsalate oder andere Kompositionen mit frischem Obst.
Spezielle Sorten, aber auch Äpfel, die nicht den Qualitätsnormen entsprechen, werden industriell zu Apfelmus oder Kompott verarbeitet. Zur Herstellung von Apfelkraut wird Apfelsaft mit nur wenig beziehungsweise ganz ohne Zukker dick eingekocht. Dörrobst (getrocknete Apfelringe) darf, damit es ansehnlich bleibt, mit schwefeliger Säure gebleicht werden, was allerdings auf der Verpackung deklariert sein muß.
Bereits die alten Römer kelterten aus Äpfeln Säfte und Weine. Heute wird aus Most Apfelsaft oder Calvados hergestellt.

**Birnen**
Saison: von August bis Oktober.
Im März und April werden Birnen aus Südafrika importiert, während der Saison kommen sie aus Deutschland oder Nachbarländern. Birnen haben sehr wenig Fruchtsäure, deshalb schmecken sie meist auch süßer als Äpfel. Durch ihren hohen Kaliumgehalt wirken sie entwässernd. Die wichtigsten Birnensorten sind Williams Christ, Kaiser Alexander und Gute Luise, Abate aus Italien und die Butterbirne aus Holland. Birnen werden für Desserts in wenig Weiß- oder Rotwein gedünstet oder roh, oft geschält, verwendet.

**Rhabarber**
Saison: von April bis Juni.
Rhabarber stammt aus Innerasien. Bereits im Altertum nahm man die Wurzel der »barbarischen« (ausländischen) Pflanze als Abführmittel; als Kompottgemüse zog man ihn erstmals Mitte des 19. Jahrhunderts in Holland. Die rot-grünen, saftig-fleischigen Blattstiele des staudenartigen Knöterichgewächses schmecken fruchtig-säuerlich. Wie Melone oder Kürbis zählt Rhabarber botanisch gesehen zu den Gemüsearten, die wie Obst zu Marmelade, Konfitüre, Kompott verarbeitet oder zum Kuchenbacken verwendet werden. Rhabarber wird vor dem Verzehr vom Blattansatz, dem Stielende und den groben äußeren Fäden befreit, in Stücke geschnitten und in wenig Wasser mit Zitronensaft und Zucker gedünstet. Im Kühlschrank kann man die rohen Stangen ohne Qualitätsverlust 1 bis 2 Tage aufbewahren.

# Wichtige Zutaten für Desserts

Grundsätzlich gilt für die Zubereitung von Desserts eine ganz allgemeine Regel, die man beachten sollte, will man geschmacklich abgerundete, raffinierte Kreationen schaffen: Die Kunst des Würzens liegt darin, den aromatischen Reiz der jeweiligen Hauptzutat nur zart zu unterstreichen, indem man mit anderen kräftigen Aromen äußerst zurückhaltend umgeht. Nachfolgend sind einige wichtige Aromaträger, die für moderne Desserts von Bedeutung sind, beschrieben. Auch geistvolle Essenzen dürfen dabei nicht fehlen.

**Alkoholika in Maßen**
Durchaus vertretbar ist die Verwendung geistvoller Getränke zum Aromatisieren von Desserts, sind die dafür benötigten Mengen doch so gering, daß der Alkoholkonsum kaum ins Gewicht fällt. Eine Spirituose, passend zu den Früchten des Desserts, würzt delikat. Die alkoholischen Getränke, die im Rezeptteil dieses Buches verwendet wurden, sind nachfolgend aufgeführt. Sekt oder Champagner sowie trockene Rot-, Rosé- oder Weißweine braucht man ebenfalls gelegentlich.
*Alchermes,* italienischer Kräuterlikör;
*Amaretto,* italienischer Mandellikör;
*Calvados,* Apfelbrandy aus der Normandie;
*Cassis,* französischer Johannisbeerlikör aus schwarzen Beeren;
*Cognac,* Weinbrand aus der gleichnamigen französischen Region;
*Cointreau,* Likör aus den Schalen bitterer Orangen;
*Eierlikör,* Emulsion aus Eigelb, Zucker und Alkohol;
*Grand Marnier,* auf Cognac basierender Orangenlikör;
*Madeira,* Dessertwein von der portugiesischen Atlantikinsel gleichen Namens;
*Maraschino,* Kirschlikör aus Italien und Jugoslawien;
*Rum,* Branntwein aus Zuckerrohr;
*Sherry,* berühmter spanischer Dessertwein.

**Honig**
Ein altbekanntes Nahrungsmittel. Bienenzucht gab es bereits vor 4000 Jahren in Ägypten. Bis zur Einführung von Rohrzucker war Bienenhonig das einzige Süßungsmittel in Europa. Es gibt zwei Arten: Blütenhonig aus Blütennektar (zum Beispiel Akazien-, Heide-, Klee- und Lindenhonig) und Honigtauhonig aus anderen Pflanzenteilen (beispielsweise Blatt-, Tannen- und Fichtenhonig).
Weil Bienenhonig beim Abbau im menschlichen Körper wie Haushaltszucker Vitamin B 1 verbraucht, sollte man ihn als »Genußmittel« sparsam verwenden. Durch Erhitzen verliert Honig seine biologischen Wirkstoffe, die als gesundheitsfördernd gelten. Man kann ihn 1 Jahr lagern.

**Ahornsirup**
(Maplesirup)
zählt zu den alternativen Süßungsmitteln der Vollwertküche und ist ein äußerst kostbares Produkt. Ahornsirup stammt ursprünglich aus den weiten Ahornwäldern Nordamerikas, wo die Indianer schon die Kunst beherrschten, den Bäumen köstlichen süßen Saft zu entlocken und diesen zu haltbarem Sirup aufzubereiten. Da Zucker als Rarität galt, gehörte Maplesirup zu den Grundnahrungsmitteln. Auch heute noch wird Ahornsirup in Kanada und Amerika aus wild wachsenden Ahornbäumen gewonnen. Während des 4- bis 6-wöchigen Gewinnungsprozesses zwischen März und April verändert sich die Zusammensetzung des Saftes. Die konzentrierte Süßigkeit, die ihn am Anfang auszeichnet, verliert sich später, wobei der Mineralgehalt gleichzeitig zunimmt. Um 1 l Sirup durch Erhitzen herzustellen, benötigt man 40 bis 50 l Ahornsaft.
Angebrochene Behälter sollte man kühl aufbewahren und den Sirup möglichst rasch verbrauchen.

**Zuckerrohrgranulat**
(Ursüße oder Sucanat)
Ein wiederentdecktes, alternatives Süßungsmittel. Vollrohrzucker, nicht zu verwechseln mit Farinzucker, ist der getrocknete, unraffinierte Saft von meist biologisch angebautem Zuckerrohr. Alle Vitalstoffe bleiben bei der schonenden Herstellung erhalten, während weißem oder auch braunem Haushaltszucker alle Wertstoffe »wegraffiniert« werden. Im Reformhaus gibt es hellen und dunklen Vollrohrzucker. Der malzige, an Lakritze erinnernde Geschmack ist bei dunklem Granulat ausgeprägter. Wer sich erst daran gewöhnen möchte, sollte deshalb die hellere Sorte wählen. Zuckerrohrgranulat süßt etwas schwächer als weißer Zucker, wird aber allgemein als voller im Geschmack empfunden.

**Ingwer**
schmeckt würzig scharf bis leicht süßlich. Die knolligen Wurzeln einer schilfartigen Staudenpflanze werden heute in fast allen tropischen Ländern kultiviert. Das Interesse an der fernöstlichen Küche hat Ingwer wieder »in aller Munde« gebracht, vorher war er sträflich in Vergessenheit geraten. Dickere Teile der Wurzel kommen meist kandiert

# Die feinen Aromen

in den Handel, die fingerdünnen Seitenwurzeln geschält oder ungeschält, in Stücke geschnitten oder pulverisiert und die jungen Seitensprossen (Stern-Ingwer) in Sirup eingelegt. Das eigenwillige Aroma von Ingwer paßt zu süßen und pikanten Speisen.

**Gewürznelken**
(Nelken, Nägelein)
Die getrockneten Blütenknospen sind im ganzen oder pulverisiert im Handel erhältlich. Sie schmekken brennend scharf und duften ähnlich wie Gartennelken. Die seit dem Mittelalter begehrten würzigen Knospen kommen von der Molukkeninsel Ambon, aus Madagaskar und Sansibar. Dem ätherischen Öl der Nelken wird eine magen-, leber- und herzstärkende Wirkung nachgesagt. Außer für Obstdesserts werden sie zum Würzen von Lebkuchen, Apfelkuchen, süß-sauer eingelegtem Gemüse, von Fleisch- und Fischgerichten sowie von Punsch oder Glühwein verwendet. Nelken verlieren durch allzulange Lagerung an Würzkraft.

**Zimt**
Seit Jahrtausenden ein begehrtes Gewürz, beste Qualität kommt aus Ceylon. Zimt ist die getrocknete Innenrinde des Zimtbaumes, die sich von beiden Seiten zusammenrollt und als Stangenzimt oder Kaneel verkauft wird. Der würzkräftigere Kassiazimt wird meist zu Pulver vermahlen. Zimt würzt intensiv, man muß ihn daher sparsam dosieren.

**Vanille**
Echte Vanille ist in dreifacher Form erhältlich: gemahlen und als Bourbonvanillezucker im Reformhaus oder Naturkostladen, als ganze, etwa 20 cm lange, schwarzbraune Schoten auch im Lebensmittelgeschäft. Die Schoten schlitzt man auf und schabt das Mark heraus. Vanillezucker läßt sich auf einfache Weise aus dem Abfallprodukt, den leeren Schoten, selbst herstellen: man füllt in ein Schraubverschlußglas normalen weißen Haushaltszukker, steckt die leere Schote hinein und verschließt das Glas. Wird eine Schaummasse im Mixer durchgerührt, kann man zum Aromatisieren auch ein ganzes Vanilleschotenstück mit zerkleinern.

**Schokolade**
Seidiger, fleckenloser Glanz ist der sichtbare Hinweis auf Qualität. Hauptbestandteile sind flüssige Kakaomasse, Kakaobutter, Zucker und Milch- oder Sahnepulver. Der Zusatz von Farb- und Konservierungsmitteln ist verboten. Soja-Lecithine als Emulgiermittel machen die Schokoladenmasse geschmeidiger.
Schokolade wird für Cremespeisen im Wasserbad geschmolzen oder geraspelt. Verzierungen lassen sich leicht selbst herstellen (siehe Seite 16), man kann sie aber auch in den verschiedensten Formen fertig kaufen.

**Nußnougat**
Fertig gekauft besteht er aus feingemahlenen Haselnüssen oder Mandeln, karamelisiertem Zucker, Kuvertüre und Kakaobutter. Er ist auch leicht selbst zuzubereiten.

**Marzipan-Rohmasse**
wird aus einem sehr hohen Anteil Mandeln und nicht mehr als 35% Zucker in schonender Verarbeitung zubereitet. Sie ist ein industriell gefertigtes Produkt von hohem Qualitätsstandard und erspart zuhause eine Menge Arbeit. Für feines Marzipan muß man Puderzucker und Orangenblütenoder Rosenwasser unterkneten.

**Rosenwasser**
1 Tropfen Rosenöl parfümiert ¼ l Wasser nachhaltig. Rosenwasser braucht man wie Orangenblütenwasser zum Aromatisieren von exquisiten Desserts, süßem Gebäck oder für selbstbereitetes Marzipan.

**Orangenblütenwasser**
wird durch Destillieren von frischen, noch geschlossenen Blütenknospen des Apfelsinenbaumes gewonnen. Wie Rosenwasser in Drogerien und Apotheken erhältlich.

**Orangensaft, frisch gepreßt**
Dafür kann man die billigeren Blondorangensorten sowie Halbblut- oder Blutorangen verwenden. Für feine Desserts ist industriell aufbereiteter Saft nur ein unzureichender Ersatz.

**Sanddornsaft**
wird aus den gelb-roten Beeren, die reich an Vitamin C sind, gewonnen. Ungesüßter Sanddornsaft aus dem Reformhaus ist in der Vollwertküche beliebt.

**Grenadine**
ist Saft von Granatäpfeln, der stark gesüßt zu Sirup eingedickt wurde. Granatäpfel werden in den Subtropen, aber auch im Mittelmeerraum kultiviert. Außer Sirup gibt es auch Likör. Der alkoholfreie Sirup ist kräftig hellrot. Er färbt Desserts und Cocktails wunderschön auf natürliche Weise.

# Rund um die Eiszubereitung

## Heiße Tips für frostige Desserts

Selbstgemachtes Eis läßt sich in unendlicher Vielfalt zubereiten. Es zeichnet sich vor allem durch die Qualität seiner Zutaten aus. Trokkenei, Milchpulver, Dickungsmittel, künstliche Emulgatoren und andere denaturalisierte Produkte bleiben nämlich der industriellen Fertigung vorbehalten.
Für die Eigenproduktion von Eiscreme sind frischeste Zutaten das Allerwichtigste. Die Grundbasis Eigelbcreme und Schlagsahne, die zu 30% aus leichtverdaulichem Fett besteht, gewährleistet den cremigen Eisgenuß. Aber auch Alkoholika oder Zucker verhindern, daß das Eis zu hart gefriert. Wer erst beginnt, Eisrezepte auszuprobieren, der wird noch ohne Eismaschine auskommen wollen. Das ist auf jeden Fall möglich. Wichtig ist nur, daß man die Eismasse, die im Gefriergerät in einer Metallschüssel in 2 bis 5 Stunden fest wird, stündlich mit einem Teigspatel vorsichtig umrührt. Nur bei besonders eigelb- und/oder sahnehaltigen Schaummassen mit hohem Fettanteil kann man darauf verzichten. Sorbets oder Granités aus gesüßten Fruchtsäften oder aus Fruchtmark, denen wenig oder gar kein Alkohol zugesetzt wurde, müssen halbstündlich durchgerührt werden. Der Vorteil beim Arbeiten mit der Eismaschine besteht vor allem darin, daß das Eis bereits in 20 bis 30 Minuten fest wird.

Folgende Grundregeln sollten Sie bei der Zubereitung von Eiscreme nicht außer acht lassen:

- Da Grundsubstanzen wie Milch, frische Eier und Sahne Nährböden für Bakterien sind, ist absolute Sauberkeit bei der Eiszubereitung oberstes Gebot.
- Das Gefriergerät muß mindestens −18° aufweisen. Achten Sie darauf, daß die Türe der Tiefkühltruhe oder des Drei-Sterne-Fachs des Kühlschranks immer nur kurz geöffnet wird.
- Grundzutaten wie Eier, Sahne und Milch sollten so frisch wie möglich sein, H-Milch oder H-Sahne beeinträchtigen den Geschmack der Eiscreme, außerdem läßt sich haltbar gemachte Sahne nicht so steif schlagen wie frische.
- Die Eigelb-Zucker-Mischung muß im heißen Wasserbad dick-schaumig geschlagen, danach im kalten Wasserbad wieder abgekühlt werden. Eischnee und Schlagsahne müssen sehr steif geschlagen sein, ehe man sie behutsam mit den übrigen Zutaten vermengt.
- Die Eismasse muß unmittelbar nach der Zubereitung in das Gefriergerät oder in die Eismaschine gegeben werden. Die duftige Schaummasse würde bei Raumtemperatur rasch zusammenfallen und an Zartheit verlieren.
- Aromatische Früchte der Saison, eventuell leicht geröstete Nüsse, echte Vanille, Schokolade, Nougat oder Marzipan-Rohmasse, edle alkoholische Tropfen, feiner Haushaltszucker oder Zuckerrohrgranulat sowie Honigsorten mit nicht zu intensivem Eigengeschmack sind die feinen Aromaträger, die von bester Qualität sein müssen. Verzichten Sie auf preiswerte Sonderangebote, wenn es sich um minderwertige Ware handelt!
- Scheuen Sie sich nicht, für Sorbets auch gelegentlich als Grundsubstanz aromatische Gemüsearten wie Gurke, rote Bete, Tomaten oder Zucchini zu wählen. Mit der Würze von frischen, kleingehackten Kräutern, leicht gesüßt, ergeben sich daraus Spezialitäten, die als erfrischender Zwischengang oder als leichtes Dessert serviert werden können.
- Zum Gefrieren im Gefriergerät füllt man die Creme in ein Metallgefäß, das die Kälte besonders gut leitet. Damit das Eis eine cremige Konsistenz behält, muß man die Eismasse stündlich umrühren, um die Eiskristalle vom Rand unter die noch weiche Masse in der Mitte der Schüssel zu mischen.
- Wenn Ihre Eismaschine auf klassische Art die nötige Kälte durch das Hinzufügen von Eiswürfeln und Salz produziert, müssen Sie die erforderliche Menge an Eiswürfeln im Gefriergerät auf Vorrat haben. Neben den Metallschalen mit Plastikgitter sind für die Eiswürfelherstellung auch spezielle Plastikbeutel mit verschiedenförmigen Unterteilungen sehr praktisch. Diese Behälter taugen allerdings nur für den einmaligen Gebrauch.
- Eis aus frischen Zutaten bleibt ein paar Wochen haltbar. Am besten schmeckt es jedoch, wenn man es gleich nach der Zubereitung verzehrt oder zumindest nicht länger als 1 Woche aufbewahrt. Zum Lagern in der Tiefkühltruhe füllt man das Eis in verschließbare Plastikbehälter.
- Eis, das im Gefriergerät aufbewahrt wurde, ist meist hart. Man sollte es 30 Minuten vor dem Servieren in den Kühlschrank stellen, damit es wieder eine cremige Konsistenz erhält und sich mit dem Eisportionierer zu Kugeln formen läßt. Angetautes Eis auf keinen Fall wieder einfrieren!

## Sinnvolle Geräte

Neben einem Meßbecher und/oder einer Küchenwaage, einer Küchenmaschine oder einem elektrischen Handrührgerät (für manche Rezepte genügt durchaus ein einfacher Schneebesen) sind Rührschüsseln aus Edelstahl wertvolle Hilfen bei der Eiszubereitung.
Eine Eisbombenform mit Deckel oder andere Eisformen wie beispielsweise die abgebildete Cassataform, ebenfalls aus Metall, gehören bereits zu einer luxuriöseren Küchenausstattung. Besitzt man eine halbkugelförmige Rührschüssel und statt einer Souffléform ähnlich geformte Porzellan- oder Glasschüsseln, so kann man damit ebenso gut arbeiten.
Einen Teigspatel braucht man zum Durchrühren der Eismasse während des Gefriervorganges im Gefriergerät und einige Plastikbehälter zum Lagern von Eis. Eisportionierer aus Edelstahl in verschiedenen Größen erlauben – in kaltes Wasser getaucht – das Formen von schönen Eiskugeln. Mit dem Spooner oder Rolldipper schabt man lange Späne aus dem Eis. Da sein Griff mit Glycerin gefüllt ist, leitet er die Handwärme in die Löffelschale; dadurch läßt sich hartgefrorenes Eis relativ mühelos portionieren.
Für Spaghetti-Eis, das Kinder besonders lieben, drückt man Vanille-Eiscreme durch eine Kartoffel- oder Spätzlepresse direkt auf den Dessertteller. Eine Sauce aus durchpassiertem Himbeermark und Kokosraspel sehen Tomatensauce und geriebenem Parmesan verblüffend ähnlich!
Ein wenig langsamer schmilzt das Eis, wenn man es in klassischen, gut gekühlten Eisschalen aus Metall serviert.

## Welche Eismaschine soll man kaufen?

Das System für die Eisherstellung ist bei allen Eismaschinen identisch: Aus einer vorbereiteten Schaummasse entsteht unter ständigem Rühren und gleichzeitiger starker Kälteeinwirkung Eiscreme. Wer sich eine Eismaschine anschaffen will, hat die Wahl zwischen verschiedenen Geräten. Preis und Ausführung differieren je nach Hersteller. Grundsätzlich unterscheidet man zwischen Eismaschinentypen, die von Hand oder elektrisch angetrieben werden. Beide Maschinen bestehen aus einem Behälter, in den die Eis- oder Sorbetmasse gefüllt wird. Der Deckel mit dem Rührarm ist beim handbetriebenen Maschinentyp mit einer Kurbel ausgestattet. Die festverschlossene Trommel wird in einen größeren Außenbehälter gestellt und die Zwischenräume mit Eiswürfeln, 250 bis 500 g billigstem Kochsalz und wenig Eiswasser gefüllt. Man dreht nun entweder die Kurbel 20 bis 30 Minuten von Hand, bis das Eis fest wird, oder man schaltet den Motor ein, der sich nach der gleichen Zeit automatisch abschaltet, wenn der Widerstand von gefrorenem Eis in einer bestimmten Stärke am Rührarm bemerkbar wird. Das Eis ist dann cremig gefroren, nicht hart.
1¼ bis 1½ l Eismasse können so auf einmal zubereitet werden. Will man mehrere Sorten hintereinander machen, muß der Eiswürfelvorrat entsprechend groß sein!
Bei einem der neueren Eismaschinentypen erübrigt sich das Arbeiten mit Eiswürfeln und Salz. Er produziert die nötige Kälte durch eine Kühlflüssigkeit, die sich in der Trommel der Eismaschine befindet. Man stellt die Trommel mindestens 7 Stunden in das Gefriergerät bei −18°, füllt sie danach mit der vorbereiteten Eismasse und setzt sie auf den Motorteil. Wie beim klassischen Maschinentyp entsteht das Eis nun unter ständigem Rühren. Die Kühlung der Trommel reicht für zwei Eissorten, die man hintereinander herstellt. Auch bei diesem Eismaschinentyp ist es wichtig, Eiscreme, die im Gefriergerät gelagert werden soll, aus dem Metallbehälter in ein Plastikgefäß zu füllen, da sich das härtere Eis später schlecht aus dem Metallbehälter schaben läßt. Man würde dabei das Metallgefäß verkratzen.
Außerdem gibt es noch Eismaschinen, die man zum Arbeiten in das Eiswürfelfach des Kühlschranks verbannt. Sie funktionieren dort elektrisch; das Kabel muß also vom Kühlschrank zu einer Steckdose geführt werden, die Kühlschranktüre läßt sich dabei schließen. Weder eine Eiswürfel-Salz-Mischung, noch ein anderes Kühlsystem in der Maschine sind bei diesem Maschinentyp nötig. Diese kleineren Geräte fassen allerdings nur eine geringe Menge Eis.
Eine Eismaschine mit eingebautem Kühlaggregat ist das teuerste Gerät. Ohne größere Vorkehrungen wird die Schaummasse darin zu Eis verarbeitet.
In den Rezepten für Sorbets haben wir gelegentlich das Arbeiten mit einer Sorbetiere empfohlen. Diese Geräte werden heutzutage allerdings kaum mehr angeboten.
In jeder der beschriebenen Eismaschinen lassen sich auch mühelos Sorbets herstellen.

# Der Inhalt des Buches von A bis Z

**I/J**



**K**

**L**

**M**



**N**

**O**

**P**



**Q**

# Der Inhalt des Buches von A bis Z

# Die Autoren

## Annette Wolter
Sie gehört zu den führenden Kochbuch-Autoren im deutschen Sprachraum. Seit über 20 Jahren sind Kochen und Haushaltführen ihr Thema, mit dem sie sich schon als Mitarbeiterin großer Frauenzeitschriften beschäftigte. Heute ist Annette Wolter anerkannte Expertin im Bereich Küche und Keller, Autorin zahlreicher Kochbuch-Bestseller und mehrfache Preisträgerin der »Gastronomischen Akademie Deutschlands«.
Die Rezepte in ihren Büchern zeigen deutlich die gelungene Verbindung zwischen kulinarischen Raffinessen und modernem, gesundem Essen. Zu ihren Bestsellern zählen »Kochen heute«, »Kochvergnügen«, »Backvergnügen«, »Kalte Küche« und »Spezialitäten der Welt«. Außerdem ist sie Herausgeberin der neuen Reihe »Kochen – köstlich wie noch nie«, in der das vorliegende Buch erscheint.

## Elke Alsen
sammelte als junge Oecotrophologin in den verschiedensten sozialen Einrichtungen praktische Erfahrungen und lernte dabei, junge Menschen gesund und kräftig zu ernähren. In der Versuchsküche eines großen Hamburger Verlages, die sie später leitete, galt es, für alle nur erdenklichen Themen passende Rezepte zu entwickeln, die Gerichte fotogen vor die Kamera zu stellen und den Text schließlich an die Redaktion für Küche und Keller zu liefern. Frau Alsen hat inzwischen Mann und Kinder, Haus und Garten, Hund und Katze. Nun arbeitet sie mit viel Elan freiberuflich als Stylistin in Food-Fotostudios oder verrät ihre Lieblingsrezepte für die Bildkoch- und Backbücher des Gräfe und Unzer Verlages.

## Marieluise Christl-Licosa
ist in Tirol geboren und aufgewachsen. Mit ihrem Mann und 4 Söhnen lebte sie viele Jahre in Mailand. Mit wahrer Leidenschaft sammelte sie während dieser Zeit und auf zahlreichen Reisen in alle Regionen Italiens Rezepte von Bergbauern, Fischern, Herrschaftsköchinnen und nicht zuletzt von Chefköchen bekannter Feinschmeckerlokale. An der Volkshochschule Germering bei München unterrichtet sie italienische Sprache und gibt Kurse für italienische Küche. Als Expertin auf diesem Gebiet hat Frau Christl-Licosa, von der im Gräfe und Unzer Verlag bereits »Italienisch kochen« und verschiedene Küchen-Ratgeber zu diesem Thema erschienen sind, vor allem die italienischen Varianten für den vorliegenden Band »Desserts« beigesteuert.

## Marey Kurz
stammt aus einer deutsch-baltischen Familie. Seit über 20 Jahren kocht und bäckt sie für Mann und Kinder und ist bemüht, die täglichen Mahlzeiten schmackhaft zu gestalten. Eigene gesundheitliche Probleme veranlaßten Frau Kurz, sich mehr und mehr mit der Vollwertkost zu beschäftigen. Die konsequente Umstellung brachte nicht nur ihre völlige Genesung mit sich, sondern auch die begeisterte Anerkennung der gesamten Familie für die neue Ernährungsweise. So schrieb Frau Kurz ihr erstes Kochbuch »Vollwertküche – schnell und leicht« und, vom Erfolg ermutigt, bald darauf »Soja in der Vollwertküche« sowie »Vollwertkost, die Kindern schmeckt«. Für den vorliegenden Band lieferte sie uns ihre besten Vollwert-Dessertrezepte.

## Hannelore Mähl-Strenge
lebt mit ihrer Familie in Hamburg. Als examinierte Oecotrophologin leitete sie 2 Jahre die Kantine eines großen Hamburger Verlagshauses, ehe ihr umfangreiches Wissen und ihre praktischen Erfahrungen bei der Rezeptentwicklung und Realisierung von neuen Ideen verschiedenen Versuchsküchen namhafter Zeitschriften zugute kamen. Viele Jahre ist sie nun schon als Food-Stylistin selbständig tätig für Redaktionen, Agenturen, Food-Fotografen und Werbefilmgesellschaften. Außerdem macht es ihr nach wie vor viel Freude, sich vom Wochenmarkt-Angebot inspirieren zu lassen und Mann, Kinder und liebe Gäste mit ihren lukullischen Kreationen zu verwöhnen. Einige ihrer besten Desserts hat sie für den Gräfe und Unzer Verlag aufgeschrieben.

## Bernd Schiansky
ist Hobbykoch und -bäcker aus Leidenschaft. Da die sonst sehr variantenreiche Küche seiner Frau Süßspeisen und Kuchen gelegentlich vermissen ließ, hat es sich der in der Versicherungsbranche tätige Diplomingenieur – sehr zum Vergnügen seiner beiden Söhne – zur Aufgabe gemacht, sich um diesen Bereich der Gaumenfreuden im Hause Schiansky zu »kümmern«. Mit viel Kreativität entwickelt der gebürtige Stamberger nun seit einigen Jahren in seiner Freizeit ausgefallene Rezepte unter anderem auch für Desserts; seine gelungensten Schöpfungen hat er dem Gräfe und Unzer Verlag für den vorliegenden Band zur Verfügung gestellt.

## Brigitta Stuber
Sie ist echte Münchnerin und wollte ohne Umschweife direkt von der Schulbank weg Ehefrau und Mutter werden. Dieser Sprung ins kalte Wasser verpflichtete sie, alles was mit Haushalt und Küche zusammenhing, im Alleingang zu erlernen. Ihre selbsterworbenen Koch- und Backkünste fanden im Freundeskreis so viel Anerkennung, daß man sie um die Rezepte bat. Unabhängig davon absolvierte sie ein regelrechtes Redaktions-Volontariat und arbeitete jahrelang für Fachverlage. Schon bald fühlte sie sich zu journalistischem Arbeiten im Bereich Essen und Trinken motiviert. Lange Jahre war Brigitta Stuber Lektorin des Gräfe und Unzer Verlages. Für den vorliegenden Band »Desserts« war sie außerdem auch aktive Mitautorin.

## Rolf Feuz
besuchte die Kunstgewerbeschule in Zürich und absolvierte dort eine Fotografenlehre. Seine Wanderjahre führten ihn durch die Ateliers namhafter Werbefotografen, und bereits 1980 eröffnete der junge Fotograf sein eigenes Studio in Zürich mit dem Schwerpunkt Food-Fotografie. Seine ansprechenden Publikationen produziert er seither für Fachverlage und Großagenturen. 1987 eröffnete Rolf Feuz ein Zweitstudio in München. Wie meisterhaft er feine Speisen ins rechte Licht rückt, beweisen die verführerischen Farbfotos dieses Buches.

## Karin Messerli
Ihr Werdegang führte sie über eine Ausbildung als Hauswirtschafts- und Handarbeitslehrerin zur Food-Fotografie. Die junge Schweizerin unterrichtete an der Frauenschule Bern in Fortbildungskursen Kochen/Ernährung, Hauswirtschaft und Handarbeiten, ehe sie als Fachredakteurin bei einer großen Frauen-Zeitschrift die Verantwortung für die Versuchsküche, die Rezeptentwicklung und Fotoproduktion übernahm. Inzwischen ist sie als freie Journalistin und Food-Stylistin tätig und für die Rezeptseiten bekannter Journale zuständig. Die Farbfotos des vorliegenden Buches gestaltete sie zusammen mit Rolf Feuz.

# Impressum

Das Farbfoto auf der Einband-Vorderseite zeigt Ananas »Sarah Bernard« (Rezept Seite 118). Das Dessert wurde hier mit einer Himbeersauce, durchzogen mit flüssiger Sahne, angerichtet.



Redaktion: Brigitta Stuber
Versuchsküche: Marianne Obermayr
Herstellung: Felicitas Holdau
Farbfotos: Rolf Feuz und Karin Messerli: Christian Teubner (Titelbild)
Umschlaggestaltung: Heinz Kraxenberger
Reproduktion: Repro-Technik Günter Mayr GmbH
Gesamtherstellung: Appl, Wemding

ISBN 3-7742-1197-3

| Auflage | 4. | 3. | 2. | 1. |
|---|---|---|---|---|
| Jahr | 02 | 01 | 00 | 99 |